ジム・ロジャーズ
小里博栄　取材・翻訳・監修
花輪陽子　監修

# 日本への警告

## 米中朝鮮半島の激変から人とお金の動きを見抜く



講談社+α新書

# まえがき

私が投資家として成功することができたのは、時代の変化を見極めることができたからだ。変化を見逃さなければ未来が見えてくる。これは複雑化したと言われる現代においても何ら変わらない。

もちろん投資に限らない。仕事であれ、人生そのものであれ、成功したければ将来を予測しなければならない。

とはいえ、私は未来を予知できる超能力を持っているわけではない。これまで中国の台頭、リーマン・ショック、トランプ米大統領の当選といった予測を的中させることができたのは、「日々の小さな変化」に目を向け、自分の頭で考えてきたからにすぎない。そう、これから起ころうとしていることを知るためには、今起きている小さな変化をとらえなくてはならないのだ。

変化というものは、ある日突然起きるものではない。世の中を揺るがす大きな出来事であっても、きっかけはほんの些細な変化だ。そうした変化は、人々が気づき口にしはじめるよりもずいぶん前から、私たちの前にいつも姿を見せている。

変化に目を向けることに恐れを感じる人もいるだろう。変化は、ある者の目には社会が開かれていくプロセスとして映り、別の者にとっては閉ざされていくプロセスとして映るものだから。しかし、「昔はよかった」と変化を嘆くことは、押し戻すことができない勢いの濁流に逆らうようなものだ。少しの間は抵抗することができても、すぐに力尽きてしまう。

変化を受け入れ適応する者は、この世界で成功を収め、幸福に生きることができる。逆に変化を嫌う人はたいてい成功できず、めったに幸福感を抱かない。これが真理だ。変化は起きるものと理解することが、成功を得る最初の条件である。

また、今起きていることも、これから起きてくることも、歴史を紐解けば見えてくる。この認識も重要だ。

本書の第一章では、日本が抱える課題を取り上げた。かつて世界を驚かすほどの経済成長を遂げた日本も、今は衰退の一途をたどっている。解消することのできない少子化や財政赤字といった根本的問題をこのまま放置していては、行き着く末は破滅にほかならない。第二章は、こうした日本の問題に対し、私が考える抜本的な解決策を示したものだ。

第三章では、私がどのようにして世界の変化を見てきたかについて、今私の目から見えている世界の変化について記している。長らく覇権国家であったアメリカの衰退や、代って台頭する中国について。さらには金正恩《キムジョンウン》の登場により起きつつある朝鮮半島の変革や、長らく投資先としては最低だったロシアに見える明るい兆しなどをまとめた。

第四章と第五章には、こうした新しい時代にますます必要となる個人向けのアドバイスを記している。第四章には、成功を望む人が避けるべき考え方を、そして第五章には投資で勝つために私が心がけてきたことを、すべて明らかにした。

本書をお読みいただければ、この世界の現実を見る術《すべ》を身につけられるだろう。どのような仕事に就いていようと、世界を自らの目で見ることは人生の成功に不可欠だ。国内だけでものを見ていたら、自国のことは半分しかわからない。世界を見て初めて自国のことがすべてわかり、世界の中の自分の立ち位置を知ることができる。変わりゆく世界の中で、自分の強みや弱み、興味、関心がわかると、成功はより確かなものになっていくだろう。

私は、日本の読者のみなさんが本書を楽しむとともに、日本が抱える課題を克服するための抜本的な解決策を見出されることを願っている。さらに、本書に啓発された人々が、今後の人生を最高に素晴らしいものにされることを強く望む。一人ひとりが行動すれば、その結果、日本も再び偉大な国として甦るだろうから。

私がいつも本にサインするときに添える言葉がある。

“Life is short, ride hard and far, make it happen.”
「人生は短い。だからこそ、力強く遠くへと旅立ち、懸命に働こう。為せば成る」

成功への第一歩を歩み始めてほしい。

ジム・ロジャーズ

目次

## 第二章　日本人が今克服すべき課題

## 第三章　アメリカ、中国、朝鮮半島――これが変化の本質だ

## 第四章　家族とお金を守るために私が学んだ九つの成功法則

## 第五章　これからの時代に勝つ投資

構成　小林義崇

本書は、日本には国内外に好影響を与える文化・伝統・技術・人材等のリソースが豊富にありながら、それらをもっと活かせる改革が進んでいない現状に対して一石を投じたいと願う制作スタッフが、世界のさまざまなリーダーたちの動きがとりわけ注目される二〇一九年夏のタイミングに合わせて緊急出版すべく進めてきた企画です。著者が本書で示す警告と解決策が、個々人の行動を促すことがあれば、これ以上の幸いはありません。

なお、本書の内容は、二〇一九年三月にジム・ロジャーズ氏のシンガポールの自宅にておこなった長時間インタビューを中心に、本文内および巻末に掲げた著者の既刊書から補足して構成しました。

# 第一章　日本人が見て見ぬ振りをする、破滅的な未来

## 「何かがおかしい」とわかっているはずなのに

東京を訪れるのは、いつでも私にとって楽しみだ。東京には素晴らしい文化がある。わけても日本の食文化は世界一だ。これは是非とも強調しておきたいが、日本は私の大のお気に入りの国のひとつである。

しかし最近、街を歩いている日本人の表情を見て、気になることがある。みな一様に重々しい（solemn）表情を浮かべている。怒っているとは言えないまでも、どこか不安げだ。「何かがおかしい」ことはわかっていながら、何がおかしいのか、その根本原因を見出せていないような顔つき。私は世界中旅をしてさまざまな国の人々の表情を見ているから、日本人の表情をそのように感じたのだ。

本章では、そんな日本が抱える根本的問題について記す。細かな問題については、日本に暮らす人々であればすでに感じていることだろうが、本章では、そうした諸問題の奥にある根本的問題を指摘したい。これに対する抜本的な解決策は次章において示すこととしよう。

その前提として、「今度は違う」「日本は違う」という言葉が成り立たないことを、まず理解してもらいたい。「今度は違う」「日本は違う」と思考停止になってしまえば、私がいくら問題提起をしたところで意味がなくなってしまうからだ。

歴史を知ると、「今度は違う」「日本は違う」という言葉が真実ではないことがわかるだろう。

私にとってこの言葉は危険を示す兆候に感じられる。特に投資をする人間は、この言葉を聞き逃してはならない。

バブル絶頂期の日本人も、「今度は違う」「日本は違う」と言っていた。これはバブルではない、日本は大丈夫だ、と。当時の日本は歴史を学んだ人なら誰でもわかるくらい、はっきりとしたバブルだったにもかかわらず。

一九九〇年に日本の新聞でゴルフ会員権の相場が一〇〇万ドルに達していることを知った私は、これは投機的なバブル以外の何物でもない、と感じたものだ。どこの世界に一〇〇万ドルもするゴルフ会員権があるというのか。当時の日本の不動産も、「皇居がある一角はフロリダ州全部よりも価値がある」と言われていたほど高騰していた。日本は実体的な価値のない金融が蔓延《まんえん》し、熱狂の頂点にあったのだ。

私は、当時の日本のゴルフ会員権のような途方もない価値のものに出くわしたときは、一歩下がって「何かがおかしいのではないか」と自分自身に聞いてみることにしている。これはバブルに巻き込まれないために必要な考え方だ。

アメリカでも、二〇〇〇年頃のドットコムバブル経済の熱狂に包まれていた頃には、経済紙のウォールストリート・ジャーナルでさえ、「ザ・ニューエコノミー」という新しい用語を作ってしまった。当時のアメリカが経験していたのは、何ら新しい経済ではなかったのに。

新時代やニューエコノミーなど存在しない。マスコミもそのことを理解したのか、「ニューエコノミー」という言葉を固有名詞として使うことはやめてしまったようだが、今でも何か目新しい技術や現象が話題になると、人々は再び同じ過ちを犯す。

私は、一〇年以上前から日本社会が抱えている問題を指摘してきた。少子高齢化や多額の財政赤字に伴う恐るべき長期債務残高など、今では多くの日本人が認識している問題について。

しかし、私の目から見ると、日本人は問題を認識しながらも、本気で解決しようとしてこなかったように見える。それはおそらく、彼らが、またも「日本は大丈夫」と根拠のない思い込みを持っていたからではないだろうか。二〇一〇年にギリシャが財政破綻を起こし、大混乱が起きたことをほとんどの日本人は知っている。それでも彼らは「日本とギリシャは違う」と考え、昨日までと同じ生活を繰り返してきた。

しかし今はどうだろう。本心では、「日本は絶対に大丈夫」とまでは信じきれていないのではないか。たとえば、日本の公的年金制度がいずれは破綻するのではないかと考えている日本人はきわめて多いという。

「日本は大丈夫」という根拠のない思い込みと、将来への安心を担保してきた諸制度に対する否定しようのない疑いの気持ち。自己の中にあるこの矛盾を「おかしい」とわかっているのに、この矛盾の根本原因がわからない。だから、ひょっとしたら制度破綻が起きるかもしれないと気づいているのに、その破滅的な未来を具体的にどのようにして避けたらいいのかがわからない。私にはそのように見えるのだ。

しかし、今の日本においても「今度は違う」「日本は違う」は成り立たない。現状の少子高齢化と巨額の長期債務残高を放置しても破綻しない「ニューエコノミー」など、存在しないのだ。

## 途方にくれた巨人

破綻というものは、ゆっくりゆっくりと訪れるものだ。リーマン・ショック（二〇〇八年）のときもそうだった。少しずつ力を加えた小枝が、やがてポキリと折れるように、取り返しがつかなくなってから多くの人が「しまった」と気がつく。

リーマン・ブラザーズは一六〇年近く存続し、誰もが今後も存続するものと思っていた。しかし、突然リーマン・ブラザーズはなくなってしまった。日本にも破綻の日は刻一刻と近づいている。このまま日本人が手をこまねいて何も対策を打たなければ、五〇年もすれば日本は考えられないほど衰退していることだろう。日本から豊かさが失われるとしたら、これほど残念なことはない。

日本は素晴らしい観光の地であり、それにふさわしい豊かな文化と伝統を持つ。そして今のところ世界最高のインフラが備わっている。日本よりも優れたインフラのある国は思いつかない。新幹線、地下鉄、何もかもが見事に機能している。

私が一九九〇年頃に世界一周の途上で日本に立ち寄ったときは、近代的インフラの蓄積に本当に驚いたものだ。高速道路では電光掲示板が先にあるさまざまな都市までの所要時間を表示してくれていた。舗装された主要な道路の表面には点滅灯が埋め込まれ、ドライバーはカーブがあることをずっと手前から把握できる。雨でも快適に買い物ができるアーケード、目の不自由な人々のために設置された視覚障害者誘導用ブロック（点字ブロック）――。目にするあらゆる情景から日本の裕福さを感じた。実際、当時は外貨準備高で測っても世界一裕福な国だったのだ。

もう誰も覚えていないかもしれないが、戦後長らく日本では誰もが規律正しく、懸命に働き、高品質の製品を作り続けてきた。そして国の借金も少なかった。七〇年代、八〇年代の日本はたしかに世界の先進国を追い抜き、数十年の間、世界でもっとも成功した国だったのだ。バブル崩壊後の九〇年代でも、まだ絶望的な状況ではなかった。

しかし、私が日本を訪れた一九九〇年頃の時点から、私は日本という経済大国が長期的な問題を抱えていることを感じていた。私の目からは、日本は「途方にくれた巨人」のように見えたのだ。こうしたことを私は、二〇〇三年に出版した『冒険投資家ジム・ロジャーズ世界大発見』（日本経済新聞社）に書いた。あの時点では、まだちょっとしたヒビ割れのようにしか見えなかった小さな変化も、今は誰の目にも明らかになっている。

日本が抱える具体的な問題点については、本章でこれから明らかにするが、問題を解決できなければ、数世紀後には日本語を話す人は世界から消えているかもしれない。日本人の血を引く人が残ったとしても、きっと彼らは中国語を使っているだろう。

覇権国家は、近隣諸国を直接的に、あるいは間接的に支配するものだ。もっとも、日本人はかねて中国語から借用した漢字を使用していたのだから、中国語は受け入れやすいかもしれない。

## 子を生まず、移民も受け入れない日本人

日本の問題は言うまでもなく人口構成に端を発する。

出生率が世界で最も低い国の一つであり、国民年齢の中央値が世界で最も高い国の一つである。人口動態からすれば、二一世紀の終わりを待たずして日本の人口が半分になるの

は明らかだ。

後ほど詳しく触れるが、日本は長年にわたって巨額の財政赤字を抱えている。その一方で税金や社会保障費を負担する人の数は減少し続けているのだ。財政赤字が減るどころか増え続ける一方の日本において、人口減少は致命的なリスクとなっている。

現在の日本の人口を維持するには、女性ひとりあたり二・一人の子どもを生む必要があるとされている。つまり二人以上だ。それができないのであれば、外国から移民を受け入れるほかない。ところが日本人はどういうわけか外国人が好きではない人が多いため、なかなか移民を増やすことができないでいる。

子を生まず、移民を受け入れることも嫌なのであれば、生活水準の低下を受け入れるしかない。それもひとつの方法だろう。ところが、高度経済成長時代の成功体験を持つ日本人は、現状を維持したいと思っている。誰だって自分たちのライフスタイルを保ちたいと思うものだ。そのためにお金を借りて生活水準を維持しているのが日本の現在の姿だ。もっとも、日本の企業は内部留保を溜め込んでおり、社員への給料に還元していないため、すでにジワジワと生活水準は下がっているのだが。

こうした現状を放置した結果、いずれ間違いなく起きる現実を日本人は直視していない。日本人の子どもたち、つまり将来世代の破滅という現実を。

日本の子どもには、気の毒にも大人たちのツケを払わされる未来が待っている。私が日本に住む一〇歳の子どもであれば、一刻も早く日本を飛び出すことを考えるだろう。中国や韓国に移住したほうが、よほど豊かに生活できるのだから。将来、日本の多くの家庭で、「お母さん、わたしたちはどうして外国に住まないの？」といった会話がなされる未来が私には見える。そのとき、日本人の親たちはどのように答えるだろう。

人口減少に、そして借金に対して何か手を打たなくては、日本は衰退を続けるほかない。

勘違いをしてほしくないのだが、これは私の〝意見〟ではない。意見に対しては異論が成り立つが、この問題は簡単な算数ができれば誰でも明らかにできるものなのだから。したがって、これから起きる破綻は、日本人が自身で決めたことにほかならない。しかし、本当にそうした未来を望んでいるのだろうか？

日本人が経済成長をする、もしくは少なくとも現状の生活水準を維持したいと望むのであれば、今すぐ人口を増やすべきだ。そのためにおこなうべきことについては次章に記すが、まずは日本が抱える問題の話を続けよう。

## 過去の失敗を強化し続ける日本政府

多額の借金を抱えながら速く走るのは相当難しい。

日本人は勤勉で有能だから、借金がなければ非常に速く走ることができるだろう。しかし今は借金に追いかけられ足を引っ張られている。日本政府もつねに借金返済の心配をし、利息を払い続けなくてはならない状況で、経済を成長させることは不可能だ。

一九五五年以来、ほぼずっと与党であり続けてきた自由民主党の政治家は、無駄な公共事業を続けて財政赤字を膨らませてきた。こうした公共工事は、地元有権者と地方の政治家のご機嫌をとる以外、何ら経済的意味のないものであるにもかかわらず。この悪しき伝統が日本の状態を悪化させてきたことは間違いない。

日本を旅したとき、広大な水田が広がる地域を通ると、高速道路が地方の村々へと延びていることに気づいた。ほとんど誰も使っていない道路だ。いったい、これまでにどれほどの日本の税金が地元に金を落とすためだけに無駄に使われてきたのだろうか。

図1で見るように、日本が抱える長期債務残高は二〇一八年度末の予算によると、国だけでも九四七兆円に上る。一〇年前の二〇〇八年度末時点では六〇七兆円で、これでもすでに日本のGDPよりも巨額の水準になっていた。その後も年々恐ろしいペースで借金を増やしている。この一〇年間で近隣のアジア諸国がどれだけの力をつけたかを考えると、日本との落差には目眩《めまい》を感じる思いだ。プライマリーバランス（基礎的財政収支）を均衡させることのできない日本は、借金を返すために公債を発行する悪循環から抜け出せないでいる。日本はまさに内側から蝕まれている（corroding）のだ。

このままいけば、今一〇歳の日本人が四〇歳になる頃には、日本の借金は目も当てられない状態になっている。今でこそ日本政府は日本人に好きなだけ国債を売ることができるし、買ってくれる外国人もいることだろう。しかし、やがて日本の財政破綻がより人々の目に明らかになり国債が買われなくなれば、日本政府は金利を引き上げざるを得なくなる。そのとき、日本は高金利によってさらに膨らんだ借金と向き合わなくてはならない。

日本政府は年金を継続するつもりだと言っているが、いずれどこかの段階で受給額を大

[図1]　国の長期債務残高

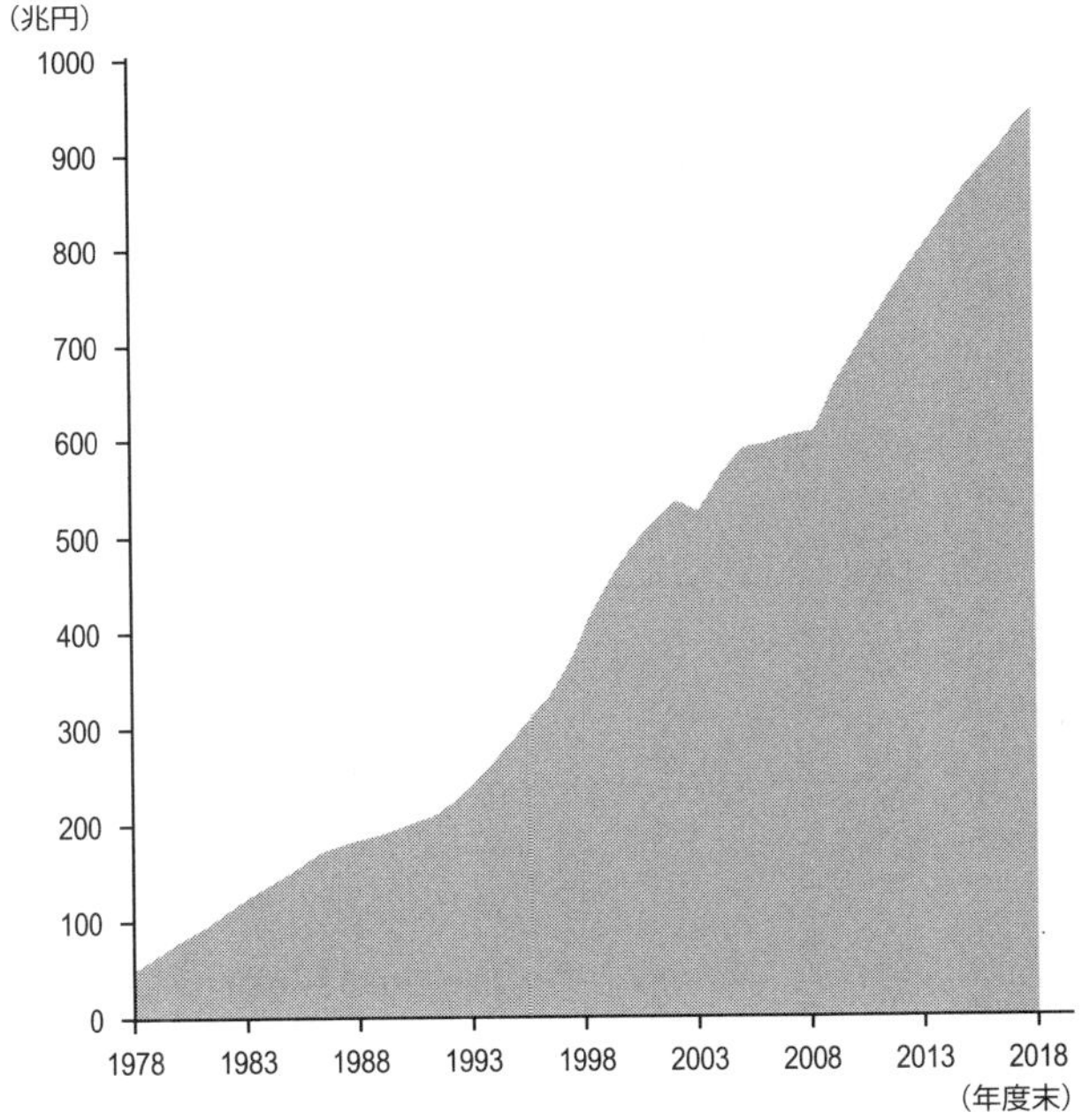


出典：財務省「我が国の長期債務残高の推移」

幅に減らさざるを得ない事態になるだろう。私なら、日本の年金にお金を払うくらいなら、中国やロシア、あるいは韓国に投資をする。日本人の子どもは、日本を去るべきだ。

　戦後、日本は素晴らしいスタートを切り、世界を驚かせるほどの復興を果たした。しかし途中でつまずき、そのまま起き上がることができないでいる。問題は、日本政府が政権を維持する目的のために、破産しそうな企業を助け、国民の失敗の尻拭いをし続けている点にもあるだろう。日本は失われた二〇年と呼ばれる間に、失敗を克服するどころか強化をしてきたのだ。

これが日本の終わりの始まりだ。資本主義の優れた点である、現場の成長の芽を育てる方向と逆を走り、こともあろうに古い人たちを守ろうとした結果、今の惨状があると私は見ている。

日本において、新しい人や企業が新たな芽を出し成長するのは大変だ。なぜなら政府が支える古い人間たちと競争をしなくてはならないのだから。とりわけ外国人が日本で企業を成功させることは相当に大変な状況だったし、アメリカや中国のように優れたベンチャーが育つこともなかった。

破産を免れた古い人間たちは、既得権益を守るために自民党を支持し続ける。そして自民党は新しい活力ある若者や外国人よりも、古い人間を守ろうとする。この状況が続けば、いずれ日本全体が衰退し、誰もが貧しくなっていくことだろう。

## 黒田日銀総裁の金融政策は生活を破壊する

安倍政権は日本円の価値を下げようとしている。

アベノミクスによる金融緩和は恐るべき規模で実行され、日銀は日本の国債を買うという前代未聞の金融政策をとっている。二〇一六年九月には「金融緩和強化のための新しい枠組み」として、指定した利回りで国債を無制限で買い入れることを新たに導入した。いわゆる「指し値オペ（公開市場操作）」だ。これは、言い換えれば紙幣を無制限に刷っていることに等しい。

無制限の紙幣とは……。昔の日本を思えば、考えられない事態だ。今から三〇年前、日本といえば高潔な魂、そして健全な財政によって世界に知られていた。中央銀行が自らお金を刷って日本円をダメにしようとするなどとは、誰一人として考えることもできなかっただろう。

日本人は気に入らないかもしれないが、二〇年後には日本円の価値は今より大幅に下がっているはずだ。米ドルのみならず、韓国ウォンに対しても相対的に価値を落としていることだろう。

これはクレイジーな外国人のたわごとではなく、歴史的事実を述べているにすぎない。世界の歴史において、財政に問題を抱えた国の自国通貨はすべて値下がりしてきたのだ。かつて、イギリスの通貨一ポンドあたりが五米ドルという時代があったことを思い出すといい。今は一ポンドあたり一・三米ドルだ。こうしたことが、歴史を通して実際に起きていることを日本人は認識しておくべきだろう。

日本人が戦後の窮地から脱することができたのは、長年にわたり巨額の貿易黒字を貯め、世界最大規模の外貨準備高を有していたからだ。戦後の破滅的状況の中で、日本円はほとんど何の価値もなかったため、日本人は外貨を得るために、品質のよいものを作るべく邁進《まいしん》したのだ。これは実に正しい戦略であった。

一九五七年から一九七〇年までの間、日本経済は年率一〇パーセントも成長し、そのスピードは米国より数倍も速かった。そして一九八〇年までに自動車生産で日本は米国を凌《りょう》駕《が》し、一九八六年までに米国の輸入量のほぼ四分の一を供給するようになっていたのだ。

これほどまでに鮮やかに日本がアメリカを凌駕したのは、当時の日本が品質を武器にアメリカと競争をしていた一方で、アメリカは紙幣を刷る政策を実行していたからだ。「ドルの価値を下げれば、生産価格が抑えられ、もっと売れるに違いない」というアメリカの誤った思い込みは、結果として日本の成長を後押しした。

なぜか。たとえば同じ車が日本とアメリカでそれぞれ一万ドルで売られているとしよう。ここでアメリカがドルの価値を三〇パーセント下げるのであれば、日本車は実質的に一万三〇〇〇ドルに強制的に値上げさせられることになる。これは一見すると、アメリカの自動車産業を守る効果があると見えるだろう。

しかし、通貨の価値が下がればコストは上がるものだ。自動車の原材料の輸入価格は上がり、ドルの減価によって引き起こされた国内の値上げ分もある。そうすると、やがてアメリカ車も一万ドルで売ることができなくなる。こうなると、再びアメリカ車は日本車と競争をしなくてはならない。しかも、アメリカ車が甘やかされ保護されていた間に日本車は改良に取り組んでいたわけだから、結局アメリカ車は日本車に負けてしまったのだ。

今の日本政府と日銀は、かつての日本人とは違い、ビジネスにより外貨を稼ごうとするよりも、紙幣を刷り続けて日本を救済しようとしている。これはとんでもない間違いだ。

このように指摘をすると、「アベノミクスによって日本の景気は上向いている」という反論が出てくる。たしかに、アベノミクスが始まって以来、日本株は上がっている。私が日本株に投資をしたのも、アベノミクスによる株価上昇を予測していたからだ。日銀が紙幣を刷りまくり、そのお金で日本株や日本国債を買いまくれば、株価は必ず上がる。これは算数ができればわかる話だ。

しかし、日本株の株価が高くなったからといって、日本に暮らす多くの人々の生活が豊かになるわけではない。株価の上昇と引き換えに、日本円の価値は下がっていくのだから、いずれ物価は上がり、高齢者や若者はむしろ深刻な苦しみを味わうことにもなりかねないのだ。

## 日本の株式をすべて手放した理由

私が日本株を買い始めたのは東日本大震災（二〇一一年）の直前だった。その後、震災による株価の下落を受けさらに買い増した。

震災前の時点で、世界中から一様にどうしようもない状況に陥っていると見られていた日本の株式は、バブル期最高値から四分の一の水準に下がり、さらに下がることもあり得る状況だった。自殺率は史上最悪（二〇〇三年）になり、出生率は史上最低（二〇〇五年）。人々は経済的な不安から子どもをつくりたがらず、誰も彼もが不安で取り乱していたのだ。

そんなときに私が日本株にあえて投資をしたのは、中期的に見れば間もなく景気は回復すると見ていたからだ。民主党政権から自民党政権に変わり、日銀が資金供給を増やすという方針を明らかにしたことも、日本株への投資を後押しした。

政府がお金の印刷機を回すとき、お金が最初に向かう先は株式市場である。これは歴史が証明している事実だ。ほぼあらゆる投資家たちが、その真理に忠実に行動し、日本の株価は上がった。さらにＮＩＳＡ（少額投資非課税制度）などの税制優遇措置が始まったことも、株価の上昇をもたらす要因となった。

先ほど記したとおり日本の金融緩和政策は多くの問題をはらんでいるが、株価を押し上げる効果は期待できた。しかも当時は米ドルに比べ円のファンダメンタルズ（基礎的条件）が強かったため、ドルに対して円が上昇することもわかっていたから、株価の上昇と円高の相乗効果により私は利益を得られると見ていたのだ。そして実際にそうなった。

震災後にさらに日本株をたくさん買ったのは、日本が震災から必ず復興すると信じていたからだ。日本は地震が多い国だが、毎日地震があるわけではないし、日本の教育レベルは高く国民は勤勉で賢い。だから震災にともなう安い株価は一時的なものであり、いずれ元の状態に戻ると考えたのだ。冷静に考えれば、これは誰にでもわかるはずだ。

ただし、中国株と違い、日本株への投資はあくまでも短期から中期で考えていた。日本株は私が一〇年以上の長期にわたってお金を投資しておきたいところではない。理由はすでに記したとおり、少子化と国の長期債務といった問題を抱える日本は、長期的には衰退の道を辿《たど》ると予想しているからだ。

日本株をすべて手放したのは、二〇一八年秋のことだった。予想どおり私が日本株を買った当時よりも株価は値上がりし、利益を得ることができた。そして今は株であれ通貨であれ、日本に関連する資産は何も持っていないし、この先買う予定もない。

日本経済を破壊するアベノミクスが続き、人口減少の問題を解決できない限り、この判断を変えることはないだろう。

## 安倍首相が望むのは体制の維持

日本の今後を考えたときには暗澹《あんたん》たる気持ちにならざるを得ない。

アベノミクスの第一の矢である金融緩和は、日本の株価を押し上げるとともに、通貨の価値を円安に誘導した。このことにより日本企業が息を吹き返したように語られているが、こうした通貨切り下げ策が中長期的に一国の経済を成長させたことは一度としてない。これはすでに記したとおりだ。

実際、円安や株価の上昇によって、日本人の暮らしはよくなっているのだろうか。日本が輸入に頼る食品などの価格が上昇したことで、庶民の生活はむしろ苦しくなっているのではないか。企業も、建設コストや製造コストが上がったことで苦しんでいる。アベノミクスの恩恵を受けたのは一部のトレーダーや大企業だけだ。

アベノミクスの第二の矢、つまり財政出動もひどいものだった。これは私には「日本を破壊します」という宣言にしか聞こえなかった。先進国で最悪レベルの財政赤字を抱え、国の借金が増え続ける中で、さらに無駄な公共事業に公費を費やそうというのは正気の沙汰とは思えない。

安倍首相は素晴らしい人物には違いないと思うが、してきたことは、ほぼすべてが間違いだ。安倍首相が借金に目をつぶっているのは、最終的に借金を返さなくてはならない局面になったときには、自分がこの世にはいないからなのだろう。自分や、自らの体制を維持することが彼の行動原理であり、そのツケを払うのは日本の若者だ。

二〇一四年二月に開催されたＧ20（財務大臣・中央銀行総裁会議）において、Ｇ20全体のＧＤＰの水準を今後五年間で二％以上引き上げる目標が示された。このことを受け、麻生太郎財務相は「日本としても達成不可能とは思わない」と語ったが、私は「とうてい無理だ」と思っていた。

国際会合で語られるのは聞こえのいい夢物語ばかりで、それが実現することはめったにない。そんなあり得ない楽観シナリオを描くくらいであれば、より現実的な政策に注力すべきだ。

足し算と引き算ができる人間であれば、簡単に日本の未来を予測することができる。人口や借金がどのように変動するのかを統計から確認すればいい。そうすれば、日本人の誰もが前向きな気持ちではいられなくなるだろう。

現在の日本の立ち位置は、イギリスやポルトガル、スペインといった、〝凋落した覇権国〟と同じである。一九一八年当時のイギリスは世界一の覇権国だった。私が子どもの頃のイギリスはビートルズが大人気でまだ活力は残っていたが、衰退が止まることはなかった。多くのイギリス人が祖国を離れ、これからも衰退の一途をたどり続けるだろう。これはポルトガルやスペインも同じだ。

衰退を始めたイギリスは、それでも帝国主義時代の後ろ盾があり、人口も減少していなかったため、衰退のスピードは緩やかなものだった。ところが日本は違う。拠り所のない日本には、ヨーロッパのような緩やかな衰退ではなく、より激しい変化が待っているのだ。

そうした現実が白日の下にさらされるとき、安倍首相や、彼の体制を守る人々はこの世にいない。

## 東京オリンピックは日本の衰退を早める

日本では、二〇二〇年の東京オリンピック・パラリンピックに向かって景気が上昇すると考える人もいる。たしかに、表向きにはオリンピックによる良い面もあるだろう。道路は改善され、真新しいスタジアムができあがる。こうした事業に関わった人たちは一定の恩恵を得られるかもしれない。政治家も、ポジティブな成果をアピールするだろう。

しかし、歴史を見れば、オリンピックが国家にとってお金儲けになった例しがないことがわかる。一部の人に短期的な収入をもたらすことはあっても、国全体を救うことにはならず、むしろ弊害をおよぼす。

結局のところ、オリンピックのせいで日本の借金はさらに膨らむのだ。これは一般の人々にとって悪い結果にしかならない。やがてオリンピックが二〇二〇年に東京で開かれたことを、ほんの一握りの人しか思い出せなくなった頃に、オリンピックがもたらした弊害が日本を蝕《むしば》む。

もし私が日本の若者だったら、こうした現実を前に強い怒りと不安でいっぱいになることだろう。実際、不安を抱えている若者は少なくないようで、日本で就職活動をする若者を対象におこなわれた調査では、就きたい職業の第一位が公務員だったという。これは世界のほとんどの国では考えられない事態だ。

若者は政府のために働いてはいけない、というのが私の考えだ。政府がどんなところかわかりもしない若者が政府で働くなどというのは、どう考えてもおかしい。日本の政府は、年を取った人間以外は誰も採用しないというルールを設けるべきだ。活気ある若者には民間企業で活躍してもらったほうが国のためにもなるのだから。

私は、二〇一七年一一月にアメリカの投資情報バラエティ番組に出演し、「もし私がいま一〇歳の日本人ならば、自分自身にＡＫ－47（自動小銃）を購入するか、もしくは、この国を去ることを選ぶだろう」と発言した。この発言は放送開始から間もなく大きな話題になったようだが、これは将来の日本社会を見据えてのものだ。

三〇年後、日本では今より多くの犯罪が起きているだろう。現代の日本人が将来世代にまわしてきたツケを払う段階になれば、国民全体が不満を覚え社会不安が募るものだ。五〇年後には、日本政府に対する反乱が国内で起きている可能性さえある。

社会不安は、犯罪や暴動、革命といった形で明らかになる。「日本人は違う」「暴動など起きない」と言いたいかもしれないが、これは歴史上、どこの国でも起きてきた社会現象なのだ。

私の目に見える日本の未来はこのようなものだ。人口が減り、借金が膨れ上がり、衰退を続ける。そうして生活水準はますます低下し続ける。日本人がそうした未来を望むのであれば、それもいい。しかし、私はそのような国で暮らしたいとは思わない。

いかがだろうか。本章では、日本に起きている変化、それも破綻に向かう現実を綴った。ここで未来に不安を感じ、「何かを変えなくてはならない」と思ったのであれば、次章を読んでほしい。

# 第二章　日本人が今克服すべき課題

## 女性は天の半分を支える

前の章に記したとおり、日本が抱える最大の問題は人口減少だ。

過去五〇年間に日本人は勤勉に働き繁栄を築き、世界第二位の経済大国の地位に上り詰めたが、それは人口が増えていた時代の話だ。このままでは今後同じような成功を享受できるとはとても考えられない。

しかし、プランBはある。国境を開き、支出を削減する――。そういった抜本的解決策を本章では提言したい。

日本政府は、少子化対策として効果がありそうなことは何でもやるべきだ。日本に最も必要なのは赤ちゃんなのだから、子育てにインセンティブを与え、仕事と両立できる環境を整えるなど、とにかく何でも、だ。

ところが、これは先進国に共通する現象だが、積極的に子を持ちたくないという日本人女性は多い。このこと自体は、私はある意味で素晴らしいことと考えている。仕事をしている実に多くの女性は有能で幸福だ。出産を諦めてまでも仕事に取り組みたい日本人女性がいることについては、私は日本経済を活性化させる原動力になり得ると考えている。「女性は天の半分を支える」という毛沢東の言葉のとおり、女性が男性と同じようにビジネスや政治において活躍するのは望ましいことだ。女性が大きな役割を果たすように変化することも、日本にとってのプランBとなるかもしれない。ところが日本では、従来から女性管理職の割合が世界の先進国に比べて低いといった問題がある。これは世界的に起きている問題だが、日本では特に、女性が「私は女の子だから」といってキャリアを諦める傾向があるようだ。

アメリカやシンガポールでは、女性も産後三ヵ月程度で復職をするのが一般的である。このことを知ると、一年以上にわたる長期間の育休が認められる日本のほうが子育て環境に恵まれていると思われるかもしれない。しかし、それは違うと私は考える。日本には保育園やシッターサービスが不足しており、家庭内だけで育児をしなくてはならないからこそ、育休期間を長く取らざるを得ないと解釈できるからだ。

この状況を放置していれば、日本の女性は育児とキャリアの二者択一を迫られ続けることになる。これは労働力が不足する日本にとっては由々しき問題だ。日本政府は、働く女性をサポートするサービスを予算の第一優先順位にあげて、早急に問題解決に取り組むべきだろう。

また、環境面だけでなく、育児を応援する〝空気〟を作ることも重要である。シンガポールでは、ベビーカーを押す人に対して周りの人々が優しく手助けしようとする様子が見られるが、日本では違うという話を聞く。電車やデパートなどでベビーカーがまるで邪魔もののような視線を受けているとすれば、日本の女性はなかなか子を生もうという気にならまい。日本の人々が、「子は宝」と考えるようになるだけでも、少子化対策に一定の効果が出るのではないだろうか。

もちろん、日本の出生率を高めるためには日本人男性も意識を変えなくてはならない。日本ではまだまだ「育児は母親の仕事」という風潮があるというが、欧米や中華系の文化では父親が子育てをするのは当然のことだ。私も娘たちの子どもの学校への送り迎えを自らおこなってきた。

もっとも、日本では男性の育児参加を促す制度はすでに導入されていると聞く。父親も希望をすれば一年を超える育休の取得が認められるというから、私も驚いた。ところが、日本人男性の育休の取得率を見てみると非常に低く、二〇一七年度には初めて五%を超えたとのことだが、それでも全体の二〇分の一に過ぎない。

ここからわかることは、日本では優れた制度を用意するだけでは、人々の行動を変えることは難しいということだ。おそらく、日本人の、周囲に配慮する国民性も影響しているのだろう。しかし、このままではいつまで経っても、日本人女性が育児の負担を一人で背負い続けることになりかねない。

仕事と家事や育児をすべて完璧にできる女性など、ほとんどいないのだから、夫婦が協力しあわなくては、決してそれぞれが満足できる家庭生活を営むことはできない。男性が家事や育児に関わらなければ、女性が思い描くライフスタイルを諦めざるを得なくなってしまうだろう。これは女性を出産から遠ざける要因となってしまう。

## 日本人女性は社会の不合理にもっと「NO」を

もし、日本でも父親が家事や育児を当たり前におこなうようになれば、女性は母になっても趣味や仕事に取り組めるようになる。私の妻のペイジも、会員制クラブの会長を務め、娘たちの育児をしながら自著を執筆してきたが、パートナーや外部サービスの力を借りれば、こうしたことも決して不可能ではないのだ。

日本の少子化を本格的に解決するには、「子は宝」という意識を社会に浸透させるとともに、「家のことは女性がやるべき」という古き日本の意識を捨て去る必要がある。日本政府や企業は、そのためにできることを積極的におこなうべきだ。

ただ、良い変化の兆候も見られる。たとえば、日本の女子サッカーチームが「女子ワールドカップ２０１１年大会」で初優勝した。これは彼女たちが「日本の女性でもサッカーで世界一になれる」と考え、努力をしてきたからこそ、なし得たことであろう。そう思えるだけの社会的土壌が日本にできたことを示す。

また、最近の日本では女性天皇についての議論が盛んになっているようだが、私はほとんどの日本人が望むのであれば、法律を改正すべきと考えている。もし女性天皇が誕生すれば、女性の地位向上に大いに役立つだろうし、日本でロールモデルになれるような女性の成功者も増えると考えられる。

日本で起きているこれらの変化は、まだ小さな変化なのかもしれないが、前向きな変化であることには違いない。もし優秀な女性がふさわしい場所でキャリアを築くことができないとしたら、これもやはり日本を衰退させる原因になるだろうから。

日本人の女性の意識に前向きな変化がもっと起きれば、彼女たちが日本社会の不合理な現状に対して「ＮＯ」を突きつけられるようになるかもしれない。最初は、家事や育児の押し付けに対するＮＯなのかもしれないが、いずれ自信をつけ強くなった女性たちが、日本の政治や社会構造を抜本的に変える原動力になることを期待したい。

## 外国人に対する差別意識をなくせ

ただ、いくら女性の活躍が望ましいからといって、日本に子どもが必要なくなるわけではない。どんなに優秀な人であっても、やがて老齢化し、そのときに社会を支える若者はつねに必要なのだから。

女性の活躍を推進するとともに、少子化を防ぐための取り組みもおこなう。このことをトレードオフと考えるのではなく、両方進めなくてはならない。そうなると、残る選択肢はひとつに絞られる。移民を受け入れるのだ。

移民は国にアイデアをもたらし、活気を生み出してくれる。アメリカの場合、グーグル、アマゾン、アップル、フェイスブックに代表される刺激的な企業のほとんどは、移民にルーツを持つ人物が創業したものだ。

移民の受け入れを勧めると、多くの人は、「外国人に仕事を奪われる」と言うが、実際は移民が雇用を生み出している。もし今アメリカからグーグルやアマゾンといった企業がなくなれば、どれだけの雇用が失われるかを考えると、そのインパクトがわかるだろう。私が今住んでいるシンガポールも、世界各国の人材を受け入れた結果、今の地位がある。

また、歴史を振り返ってみても、移民は子どもを積極的につくるため、少子化の解消にも貢献してくれるはずだ。日本人女性が子育てに積極的になれないとしても、移民の女性たちが母親になってくれる。これは日本にとって光となる。

しかし、日本は移民の受け入れについて積極的ではない。島国である日本は、やすやすと国を閉ざすことができ、歴史的にも鎖国政策をとっていた期間が長くある。日本は同質性の高い国民、同一言語が当然のものとされ、移民を積極的に受け入れられるだけの土壌がないのだ。

私も日本が外国人に対してとる差別にはしばしばとまどうことがある。国連も二〇一八年に、日本には在日外国人に対する職業差別、入居差別、教育差別などがあると勧告したほどだ。労働力不足が叫ばれているにもかかわらず、移民の受け入れにあまり積極的ではないのは、二一世紀の今も差別意識が抜けないことに理由がある。その証拠に、あいかわらず外国人参政権を認めておらず、日本の有権者は外国人を排除する政策を支持する政治家を選び続けてきた。

日本では、優秀とされる人々までも差別意識にとらわれているようだ。私が驚いたエピソードを一つ紹介したい。日本を離れ海外に駐在した人々についてのものだ。今から五年ほど前の話になるが、日本からアジアのある国に駐在する人々がつくる日本人会について聞いた。その日本人会は、日本の大手企業の駐在員が会長を務め、いわゆるエリート・ビジネスマンの家族で構成されているのだが、彼らは、できるだけ現地の人と会わないようにしているというのだ。

つねに日本食を食べ、たまに地元の料理を口にするときは、三つ星の高級レストランだけ。日本人だけでかたまって現地の人々の文句ばかりを並べ、決して現地の文化と交わろ

［図2］　日本のインバウンド＆アウトバウンド

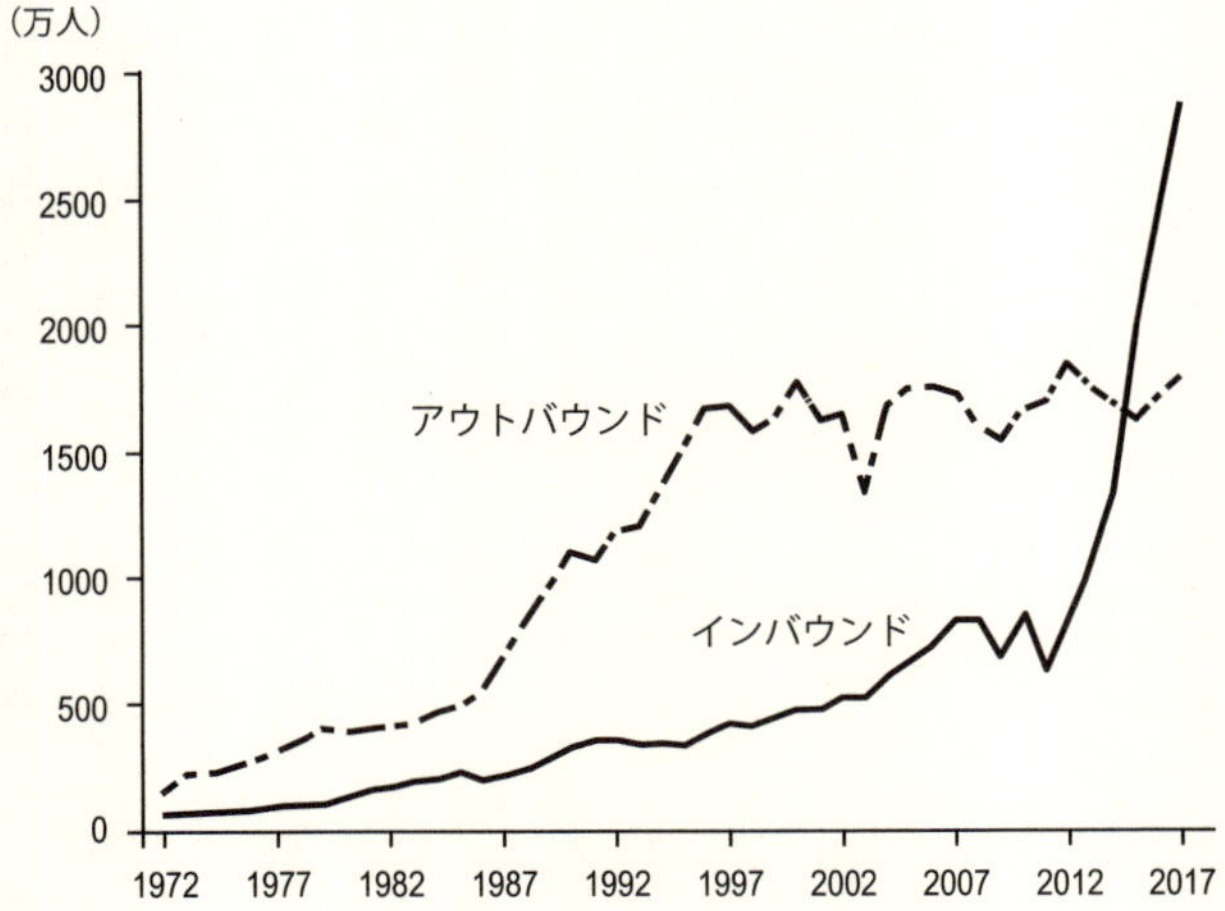


出典：日本政府観光局

うとしない。日本はビジネスがグローバル化するにつれ、世界から遅れをとるようになったが、それも無理からぬと思えるエピソードだ。

異なる肌の色、食べ物、宗教を持つ人を遠ざけ、受け入れることのない日本人――。このままでは移民を増やすことが日本にとって唯一の救済策だとしても、日本人は自ら破滅を受け入れることになる。

日本の人口減少の問題に対するアプローチにはいくつかのステップが考えられるが、最初のステップはこうした外国人への差別意識を解消することだろう。そのためには、言うまでもなく海外と関わる機会を増やすしかない。

ところが、日本から海外への出国者は、バブル経済にあった一九八五年から一九九〇年の五年間に倍増したものの、近年は二〇一二年の一八四九万人をピークとして頭打ちになっている。その一方でインバウンドの数が増え、二〇一五年にはアウトバウンドの数と逆転したという（図2）。

今はインターネットの発達やLCC（ローコストキャリア：格安航空会社）の増加により、海外に簡単にアクセスすることができるようになったにもかかわらず、日本人はむしろ外国への興味を失ってしまっているようだ。

しかし、今のような難しい時代だからこそ、日本人はもっと外国に出るべきだ。そこで手にした経験が日本に活気を生むかもしれないし、何より移民に対する差別意識の解消につながるだろう。

## 「移民はいらない」と言い始めたら、国家は衰退する

問題のある国の政府が、困難な事態を外国人のせいにしようとする例も、歴史的に多く

見られる。これは日本に限った話ではない。

物事がうまくいかなくなると、誰もが外国人のせいだと言う。そして「外国人は臭い、外国人の食べ物は臭い」と言いだして移民を排除しようとする。そうした言葉を私は世界中で何度聞いたかわからない。

ここで思い返されるのが、かつてアジアで最も豊かな国であったビルマだ。ビルマでは、一九六二年以来、クーデターにより独裁的な軍事政権によって支配され、鎖国的社会主義体制がとられた。さらに一九八八年の政変によって成立した軍事政権により翌年から国名がミャンマーに変わったが、アメリカの経済制裁やインフラ不足を背景に、アジア最貧国へと転落の道をたどった。これが、政府が「外国人を追放せよ」と命令し、国境を閉鎖していた間に起きたことだ。

ただ、日本に明るい兆しがないわけではない。安倍首相は二〇一九年四月から、在留資格「特定技能」を取得した外国人労働者を五年間で上限三四万五〇〇〇人余を受け入れる旨を表明した。年間に換算すると七万人程度であり、一億二五〇〇万人の人口を抱える日本では微々たる数だが、それでも小さな一歩であることには変わりない。私はこの話を聞いて少し興奮した。

最富裕国から最貧国になったミャンマーも、現在は再び外国人に対して門戸を開放するようになった。これは正しい判断だ。日本のことは日本人が判断すべきだが、歴史上の事実に耳を傾けるならば、豊かになるには移民を受け入れるほかない。もう、「日本だけでやっていける」と言えた時代は終わったのだ。日本の人口が増えていた時代であれば、国内需要だけでビジネスを成功させることができた。しかし今は違う。

日本の人口減少については、労働力の減少の側面から問題視されているが、国内需要が減るという面も同じくらい大きな問題なのだ。これからは移民を受け入れるとともに、外国人に受け入れられるビジネスをすることも大切なことになってくる。

韓国は、サムスンをはじめとする大企業が早くからグローバルにビジネスを展開してきた。人口五〇〇〇万人程度の韓国では、そうするほかなかったからだ。日本人も、現実を受け入れるべきときではないだろうか。

## 日本の学校を外国人に開放せよ

仮に日本の政治家が日本の問題を認め、移民を受け入れる方向に大きく舵を切ったとしよう。私はそうした政治家が現れるのであれば、うまくいくように願う。しかし、その先行きにはあまり期待できない。政策が実行に移されて半年ないし一年後、日本の国民は「この政策は間違いだった」と言いだすだろうから。

日本はすでに、何かを変化させると痛みが生じる段階に来ている。もし移民が日本に増えれば、国民から「これでは痛みが大きすぎる。私たちは苦しみたくない」といった意見が出ることだろう。そして政治家は辞任を余儀なくされる、というのが私の予想だ。

移民を増やさなければ日本に将来がないことに薄々気がついている日本人も、「外国人は好きではない」「日本に来てほしくない」と言う。そうした状況は変えなくてはならない。より多くの日本人が外国人に慣れるような環境をつくるべきだ。

そこで提案するのが、日本の学校を外国人に開放することである。少子化が進む日本では、廃校に追い込まれている学校がいくつもあり、外国人の若者を受け入れる余裕は大いにあるはずだ。

大学全入時代と言われているくらい、大学の数が余っているのだから、少なくとも定員に足りない枠を外国人で埋めればいい。大学は限られた日本人学生を奪い合うのではなく、留学生を受け入れるべき、というのが私の考えだ。

インドや韓国、中国など、多くの国は人口に見合った大学がない。そのため、私はそうした国の若者から「大学に入学できない」と相談されると、「日本に留学しなさい」とアドバイスしている。彼らのような若者を日本の大学に迎え入れることができれば、日本に教育ビジネスの機会を増やし、日本人が外国人に慣れるきっかけにもなるだろう。

もっとも、単に外国人留学生を受け入れるだけでは意味がない。まず、日本語は今後グローバルに使われる言語ではないのだから、英語による授業を提供するのは必須条件だ。その上で、日本の教育の良い面を残しながらも、グローバルに活躍するための知識や能力を高めるカリキュラムに刷新する必要がある。たとえば、世界各国の多くの大学で受験資格や入学資格として認められている、「国際バカロレア」のプログラムを実施する学校を増やすといった取り組みは、ますます重要になるだろう。

こうした取り組みを実行し、日本の学校に外国人留学生が増えると、日本人の子どもたちの成長にもつながるはずだ。もし日本の学校が、クラスの二五人が時に一八ヵ国の子どもで構成されるシンガポールの国際学校のような姿になれば、グローバルな環境が当たり前のものとなり、子どもたちの意識も今とはまったく違ってくるだろう。

外国人と接すると、どんな国の人間であっても、なんと似通っているのかと感じるようになる。私は世界を旅し続け、宗教や肌の色、言葉、民族性の異なるさまざまな人々と接してきたから、そう言える。

### 移民は新たなビジネスチャンス

日本人にとって、移民は新しい投資対象になるだろう。今はまだ年間七万人程度という、取るに足らない数だが、政府がいずれ、さらに多くの移民の受け入れを認めることになれば、移民に向けた住宅供給や移民エージェントなどを手がけるビジネスが成長する。

移民に向けたビジネスとしてまず思い浮かぶのが不動産ビジネスだ。たとえば日本の古民家は安いうえ、外国人の目には魅力的な場所に映る。実際、日本人が買わないような物件であっても、住居用・商業用を問わず外国からの移民やその家族が使うために購入されているという。とりわけ、主要都市の物件は海外の物件と比べてグレード感があり、少なからぬニーズがあるそうだ。こういった物件を外国人の従業員を雇って運営してもらうだけでも、利益を見込めるだろう。

教育ビジネスにもチャンスはある。先程提案したように、日本の学校に外国人留学生が集まるようになれば、その入学準備のための教育が必要になる。また、留学生を増やすために、日本の学校のグローバル化を進め、魅力を高めなくてはならないわけだから、学校の変革に必要なコンサルティングやテキストなどのパッケージを提供するビジネスにも期待できる。

もうひとつ、見込みがあると考えるのが、外国人向けの飲食ビジネスだ。たとえばインドネシア料理やパキスタン料理など、移民をターゲットとして飲食を提供すれば、外国人旅行者によるインバウンドのニーズも相まって、大いに成功できる可能性がある。「フィリピンの専門食材店」のような、一見ニッチと思われるビジネスから一財産を築けるかもしれない。

こうしたビジネスを手がければ、四〇代の人でも日本で成功することが可能かもしれない。日本の若者には外国に移住してビジネスをすることを勧めたいが、日本で暮らしながら成功したいと考える人も、海外と関わることは絶対条件として取り組むべきだ。

このようなことが実現すれば、日本人はより積極的に海外とビジネスをすることができるようになる。単に英語力をつけただけではグローバルに活躍することはできないが、外国人と接し、人間力を高めることができれば、世界中どこでも生きていけるだろう。

## 移民の受け入れ方にはコントロールが必要

日本に移民が増えると、ビジネスチャンスが生まれ少子化対策にもなる。それでも、「移民を受け入れると、日本社会は不安定になる」という声が消えることはないだろう。

こうした意見は世界中で聞かれる。アメリカもそうだ。この点については拙著『お金の流れで読む日本と世界の未来』（ＰＨＰ新書）でも指摘したが、実際には外国人の犯罪者よりもアメリカ人の犯罪者のほうが多いにもかかわらず、「移民が犯罪を起こす」と人々は言う。

アメリカに入ってくる外国人の中に犯罪者がいるのも事実だ。しかし人々は外国人が犯罪を起こしたときだけ、ことさらに「外国人」であることを強調し、騒ぎ立てる。アメリカ人が犯罪を起こしたときに、「犯人はアメリカ人だ」と騒がれることはないから、世間の人々の中で外国人はみな犯罪者だという先入観が育つのだ。

だが、考えてもみてほしい。自国を出てきている移民は、勇気や能力があり、成功できる自信があるから出てきているのだ。テロリストでもないかぎり、犯罪を起こすためにわざわざ外国に移住する人間がどれだけいるだろう。

親戚や友人に囲まれ、母語が通じる居心地のいい自国を離れ、知り合いなど誰もいない、言葉も通じないような土地でチャレンジをする――。私だったら、そのような勇気がある人にはぜひ自分の国に来てほしい。しかも、異なる文化を持って入ってくる移民は、時間がかかることもあるが、間違いなくその国に同化するものだ。

このような理由から、移民の受け入れに対して、まるで犯罪者に対して門を開くようなイメージを持つのは、まったくのお門違いだと言える。

移民を受け入れるに当たって、注意すべきことがあるとすれば、人口構成に対する影響が挙げられる。私が居を構えるシンガポールでも、あまりに短期間に多くの移民を受け入れすぎたことから、人口の年齢分布がアンバランスになってしまった。そのため、二〇一三年に発表された人口白書には、「外国人の受け入れを制限する」「永住権保持者は五〇万人程度を維持する」といった内容が盛り込まれたのだ。

急速に移民を受け入れ、突然ストップをかけたシンガポールは、今後高齢化に向けた道を進むことだろう。シンガポールの政府は、労働人口が減りゆく中で、増え続ける高齢者にたくさんの社会保障費を費やさなければならない。これは日本と同じく大きな問題となるはずだ。

ドイツでも、二〇一五年に中東やアフリカ大陸からの難民に率先して門戸を開いた。以降、ドイツが受け入れた移民の数は一〇〇万人以上とも言われるが、これは国民の約一・二パーセントにあたり、他の欧州諸国と比べても飛び抜けて高い。ドイツをはじめ、今はEUなどで移民排斥の動きが起きているが、これはあまりにも早く多くの移民を受け入れすぎたことも原因のひとつだ。突然の変化に、国民はアレルギーを起こす。

これらの事例から学ぶべきことは、「移民の受け入れ方をコントロールしなければならない」ということだ。

日本が移民を必要としている事実に変わりはない。ただし、一挙にあまりに多くの人数を受け入れると、もともと外国人に寛容ではない日本社会では新たな問題の火種となり得る。まずは学校から外国人の受け入れをはじめ、日本人を外国人に慣れさせるとともに、うまく数をコントロールしながら、しかし確実に移民を増やし続けていくことが重要だ。

## 子や孫に中国語を学ばせよ

私が今、投資家として日本人に最高のアドバイスをするとしたら、「子どもや孫には中国語を習わせなさい」ということだ。子孫の未来に希望を託すなら、必ず中国語、それもいわゆる標準中国語を学ばせるべきだ。

私自身、娘に中国語を学ばせるために二〇〇七年に家族でシンガポールに移住した。私が娘にできた最高の投資は、中国語を話せるようにしたことだと今でも思っている。やがてアジアの時代が来ることを考えると、中国語の語学力とアジアでの経験は最上のスキルとなる。万が一私の予想が外れ、アジアの時代が来なくとも、中国語は世界中で約一五億人が使っている言語だ。学んでおいて損はない。

何かで成功したかったら、滅びゆくものにしがみついてはいけない。これが真理だ。世界の言葉は、これから数百年もすれば三〇くらいになっているだろう。もしあなたが滅びゆく言葉、たとえば日本語しか話せなかったとしたら、ビジネスチャンスを得られないだけでなく、まともな職にさえ就けなくなる。

日本語しかできない俳優と、日中両国の言葉ができる俳優を比べれば、チャンスがまったく違う。デンマーク語しか喋れない一〇歳の子どもが、英語を喋ることのできる一〇歳の子どもよりも将来の見通しは暗いと言えるのと同じだ。

これから数百年後まで確実に残っている言語は、英語、中国語、スペイン語くらいだろう。英語は国際標準語の地位を保ち続けるだろうし、これから覇権国家になる中国の言語を覚える意味は大きい。スペイン語ができれば、同じくラテン語から分化したロマンス諸語としてのイタリア語やポルトガル語もわかるようになる。そうすれば、スペインやイタリア、ポルトガルはもちろん、スペイン語圏の中南米諸国、ポルトガル語を国語とするブラジルでビジネスチャンスをつかめるかもしれない。

日本語については、いずれ誰も話さなくなることも考えられるため、日本の子どもには必ず第二言語を学ばせるべきだ。英語でもいいが、もともと日本語は中国由来の漢字文化圏に属するのだから、中国語を学ぶことを勧めたい。

正しく中国語を聞き取り、また話すことができればゲームで優位に立つことができる。たとえば、エレベーターで中国人の団体に居合わせたとしよう。そのときに日本語しか知らなければ何の情報も得ることはできないが、中国語を知っていれば、他の日本人が得られない情報を得ることができる。こうして得た情報は、ビジネスであれ、何であれ、成功を得るうえで大きな力になってくれることだろう。

もっとも、単に言語を覚えるだけでは足りないことも明らかだ。言語は使わなくては意味がない。やはり、言語の習得とともに、コミュニケーション能力も高めておくべきだろう。

**中国語圏に移住する意味**

今は、テクノロジーにより通訳ツールも進化しているため、「外国語なんて学ばなくてもいい」と主張する人もいるだろう。それはある意味正しいのだが、コンピュータでは微妙なニュアンスを使い分けることができないため、濃いコミュニケーションをとることが難しい。なにせ、英語を使う者同士の会話であってもたくさんの誤解が生じるのだ。相手の言語をまったく知らないままでは、真意を知ることはできないし、信頼も生まれない。言語を使いこなすことができれば、テクノロジーが発達した現在でも大きな価値を生み出すことができる。

中国語を学ばせるのなら、もし条件が整えば子どもに中国語圏で生活をする経験を持たせたいところだ。というのも、中国語が使われていない土地で生活しながら、子どもを中国語のネイティブスピーカーのレベルにするのは相当難しいからだ。

私も、実は当初はアメリカで生活しながら娘たちに中国語を覚えさせようと考えていた。娘が生まれる前からテレビやラジオ、本などで、「子どもや孫には中国語を教えるべきだ」と長年にわたり主張をしていたため、第一子が生まれたときからニューヨークで住み込みの中国人家庭教師を雇ったのだ。しかし、これでは私が望むようなレベルにはならないことをやがて悟った。

私はアメリカで、たくさんの中国人から、「子どもに中国語を話すように言ってきたのに、大きくなると嫌がるようになる」といった話を繰り返し耳にした。思春期を迎えた子どもたちは中国語学校に行かなくなり、親が中国語で話しかけても英語で答えるようになるという。どうも、アメリカで暮らす子どもにとって、中国語を使うのはクールなことではないらしい。古臭い祖父母や両親の言葉という感覚があるのだろう。

そこで私は、アメリカで娘たちに中国語を学ばせるのではなく、中国語をネイティブランゲージとする国に移住することを考えたのだ。買い物をしたり、タクシーに乗ったりするときでも中国語を話さなくてはならない、そのような環境を目指して。

そこで、二〇〇五年から中国の都市をいくつか見たのだが、当時はどこも不潔で環境汚染がひどかった。水も、土壌も、空気も汚染されており、旅行ならまだしも、家族で生活したいとはとても思えなかったのだ。

そんなときに試しにシンガポールを見てみたところ、清潔で暮らしやすく感じた。英語も使われているから、中国語をほとんど知らない私にとっても不自由はない。「これはいい」と思い、私たち家族は二〇〇七年にシンガポールに移住することを決めた。

子どものためであれば、時に親は極端なことをするものだ。子どもにサッカーやピアノを習わせるために、いいコーチのいる場所に引っ越す家庭もあるではないか。私はそのような感覚で、子どもたちの未来のためにシンガポールに移住をしたのだ。

ちなみに、もし東京が、標準中国語が話される場所であったのなら、私たち家族は喜んで移住していただろう。東京は今のところ、インフラ面や食文化のレベルから言ってもとても暮らしやすい場所だから。

ただ、今後ますます使う人が少なくなる日本語が使われている限り、私が家族を連れて日本で暮らす可能性はない。

## 五〇代の日本人は国外投資に目を向けよ

日本人にとって、日本国外に投資をすることはきわめて重要だ。日本国内にほとんどの資金を保有している日本人は、早急に資金を海外に移すことを考えたほうがいいだろう。

日本で貯めてきた貯金と政府からの年金を老後資金のあてにしている人は、甘いと言わざるを得ない。日本政府が今後も紙幣を刷り続けるのであれば、日本円の価値は相対的に落ちるからだ。年金も、額面として受給できたとしても、その価値は保証されたものではない。日本人は、財政破綻した旧ソ連による年金が、急速なインフレに伴いほとんどの価値を失ったことを思い出すべきだろう。

もし日本で自宅を購入しているのであれば、売却して海外に移住するか、資金を移すことを私は勧めたい。しかし、昔の考え方で凝り固まった日本人には難しいかもしれない。日本の一般の人々が危機を感じるには、まだしばらく時間がかかるだろうから、私の意見が極端に思える日本人もいるはずだ。

そうであれば、まずは日本で今の仕事を続けながら、他の国を訪れてみることから始めてはどうだろうか。たとえば日系人の多いブラジルのような国に。現段階では、日本円はブラジルのレアルに比較して高いから、日本人はブラジルで豊かに過ごすことができる。

これが二〇年後になると、そうはいかない。すでに記したとおり、日本円の価値は今後下落するうえ、老齢化により身動きがとれなくなっていくからだ。別にブラジルでなくとも構わないが、日本にとどまっている人々は、できるだけ早いうちに海外に身を置くことを経験しておいたほうがいい。

短期間であれ海外に滞在すると、自分の中でその国の存在感が増してくるものだ。もしブラジルに旅行をしたのであれば、日本に戻ってからもブラジルのことが気にかかるようになるだろう。これは将来の移住につながるステップにもなり得る。

また、旅行をきっかけに、その国の情報を知るようになると、投資で失敗する確率は減る。投資を成功させるための考え方は第五章で詳しく触れるが、大切なのは、投資先の情報をリサーチすることにあるからだ。たとえばブラジルを訪れたことのある日本人は、訪れたことのない日本人よりも、見込みのあるブラジル株を見つけることができるだろう。

このようにして、うまく日本から国外に資産をシフトすることができれば、いっそのことリタイアをして海外に移住をしてみるといった方法もとりやすくなる。長期間海外に滞在すれば、日本で負担していた住民税や国民健康保険料などの負担を免れることができ、さらに今はまだ多くの国は日本よりも物価が低いため、日本で暮らすよりも豊かな人生を送ることができるだろう。

私のように、いつもどこかを転々とするような人生はとても楽しいものだ。妻のペイジは私のことを放浪者のようだと言うが、実際、人生を通じてそのように動いてきたと思う。もし私と同じようなタイプの日本人であれば、この世界では素晴らしい人生を送ることができる。

## リストラを免れたほうが不安

まだまだ老後まで何十年も残る日本の若者には、さらに選択肢がある。毎月の給料の一部を海外の株式やＥＴＦ（上場投資信託）などに投資をするという方法も有効だが、できることなら長期間海外に身を置く経験を積んでもらいたい。

ある調査によると、中国における日本人留学生の数は、ここ数年増加傾向にあるが、半数以上が一ヵ月未満の短期留学にとどまっているという（図3、二〇一七年）。一方、一年以上にわたる長期留学をする学生は一パーセントにも満たない。これは、日本に留学する中国人留学生のうち、二割強が大学院生として日本を訪れているのと対照的だ。

日本からの海外留学者の数を増やすことも大切だが、長く海外に身を置く経験をさせ、海外と接するマインドを育てることも同時に必要だ。この点は日本政府や教育機関において改善すべきことと考えられる。

[図3]　日本と中国の留学生数

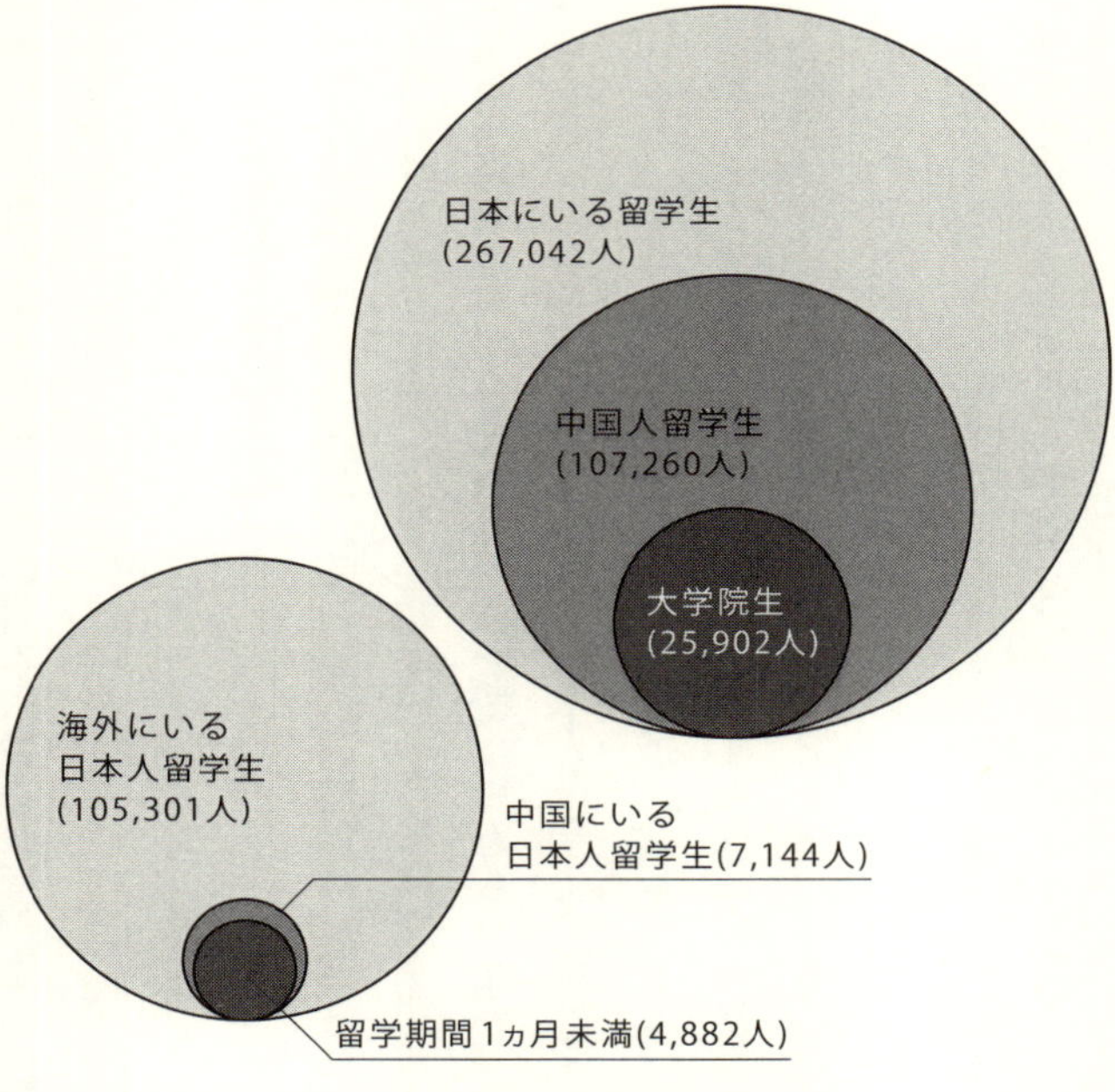


出典：JASSO「外国人留学生在籍状況調査結果」

グローバルに活躍するためには、海外で仕事をする経験を培うことが必要だ。そうすれば、日本と海外のビジネスの違いもよく理解できるだろう。

　日本の雇用状況については、ときおり日本の知人から教えてもらっているが、問題を感じる点が少なくない。たとえば、近年は改善されてきているようだが、ゼネラリストが重んじられる傾向があり、ひとつの会社に身を置きながら、さまざまなタイプの仕事を経験させるという古いやり方だ。

こうしたやり方は、終身雇用が前提だったかつての日本企業では有効だったかもしれないが、現代にはフィットしない。なぜなら、その仕組み上、社内のルールや人間関係に長《た》けた人間ばかりが重用されることになるからだ。

今は、会社がいつなくなってもおかしくない時代である。シャープが台湾の鴻海《ホンハイ》精密工業の子会社になったように、海外資本によってまったく違うルールが導入される可能性もある。従来の手法では、このような環境変化が起きたときに、過去のスキルやノウハウが応用できないといった事態にもなりかねない。

海外でビジネスをする経験を積めば、日本に帰ってからも活躍できる可能性は高まる。海外には終身雇用などない。ほとんどの人々が別の会社に移ることを想定して、スキルやノウハウを培っている。そうしたやり方に日本人が学ぶところは少なくないはずだ。

そういえば最近、このような話を聞いた。日本では大手企業によるリストラが増えており、最近は四五歳くらいの中堅の正社員もターゲットになっているというのだ。二〇一八年から一九年にかけてNECやカシオ計算機、富士通といった東証一部上場企業が揃ってリストラを発表し、こうした時代の動向はまだ続くことが予想される。このような企業は、終身雇用に裏打ちされた安定企業だったはずなのだが……。

知人の話では、多くの日本企業では今、実はリストラを免れた側の社員のほうが、リストラを受けた社員よりも大きな不安を抱えているらしい。このまま会社に残っていても、幸福にはなれないということが、何となく感じられるのだろうか。

そうした不安を感じるのであれば、日本の中ではなく、海外に目を向けて、留学や転職を考えてみることを勧める。仮に定年まで今の会社に勤めることができたとしても、その後の人生もあるのだから、選択肢は多く持っておいたほうがいい。

定年後に途方に暮れる日本人は少なくない。趣味もスキルもなく、友人もいないのであれば、それも無理からぬことだ。

チャレンジしてみよう。私は日本の先行きについては、現状のままでは暗い見通ししか持てないが、日本人の能力が劣っているとはまったく考えていない。

「できる」と思えば案外できるものだ。たとえ英語を使うのに自信がなくとも、コミュニケーション力をつければ、活躍できる場所は海外にいくらでもある。

## 日本企業は昔ながらの高品質を武器にせよ

品質を売りにすれば、何もかもがうまくいく。これが私の考えだ。

かつての日本人はそのとおりにした。戦争で壊滅的な被害を受けた日本では、今とは比較にならないほど円安だったこともあり、あらゆるものが非常に安価に生産された。そうした中で高品質な製品を作ろうとした当時の日本人はとても賢かった。この伝統は今の日本人にも引き継がれている。

一九六〇年代の販売台数世界一の自動車会社はゼネラル・モーターズ（GM）だったが、当時は日本がアメリカに進出すると伝えたところで、誰も歯牙にもかけなかった。ところがその五〇年後にゼネラル・モーターズは破綻し、トヨタが世界最大の自動車メーカーになった。

ホンダがアメリカに進出したときも、アメリカ人はバカにしていたものだ。ホンダが当時使っていた宣伝文句は、「ホンダのオートバイに乗ると最高に善良な人たちに会える」

というものだった。このコピーを見て、タフさを自負するハーレーダビッドソン乗りの連中はホンダを嘲《あざけ》り笑っていたものだが、その二〇年後、三〇年後にはハーレーダビッドソンはほとんど倒産しかけており、ホンダは世界最大のオートバイメーカーに上り詰めた。

今は世界最高のイタリアン・レストランは東京にある。イタリア人もわざわざ日本に来て、自国では食べられない最高級のイタリア料理を食べるというくらいだ。

最高品質のものは何でも日本にある。日本のクオリティに対する情熱は間違いなく世界一だ。二番目の国が思いつかないほど群を抜いている。日本ほどクオリティに対して「抑えがたい欲望」を持っている国は他に思いつかない。この姿勢こそが、日本を偉大な国にしたと言える。

他国の文化やビジネスを取り入れて、さらにレベルを上げることに長けていることも注目に値する。先程イタリア料理の例を出したが、自動車やテレビゲームなど、外国を出自とする技術を日本は驚くほどのレベルに高めてきた。

ところが、最近は、長年大切にしてきた品質を犠牲にしてまで生産性を高めようと主張する日本人が増えているという。拙著『お金の流れで読む日本と世界の未来』で指摘したことと重なるが、テレビ産業がサムスンやハイアールに、スマートフォンがアップルやファーウェイに完敗したことで、日本は従来のやり方に疑問を抱いたからであろうか。そう考えるのも理解できなくはないが、私は品質を下げることには絶対に反対だ。

品質を犠牲にし、低価格だけを武器にビジネスをした会社が永続したことは、歴史的に見て存在しない。そもそも消費者とは、高品質の製品を欲しがるものなのだ。家計が苦しいときに低価格の商品に走ることもあるが、あくまで一時しのぎに過ぎない。品質を犠牲にして低価格に走れば、最終的には他の商品との区別がつかなくなる。そうして価格競争に追いつけなくなった企業から順に消えていくのが世の常だ。

それに、品質が高ければ、庶民や貧困層であっても我先に手に取ることを日本は過去に経験してきたはずだ。ホンダがアメリカに進出したとき、決して安い商品ではなかったのに、庶民や貧困層がこぞって購入した。トヨタやソニーがアメリカに進出したときもそうだった。ここからアメリカのあらゆる層の人々に広がっていったのだ。

それでは、日本企業はどうすべきなのか。

私が提案したいのは、「メイド・バイ・ジャパン」を世界に広めることだ。かつて、「メイド・イン・ジャパン」の商品は安くて高品質なものとして世界中に広がったが、日本の経済成長やグローバル化とともに、割高な商品になってしまっている。

そうであれば、日本人の監修のもとで海外生産をして、リーズナブルかつ高品質な商品を作るようにすればいいのではないだろうか。日本製品の品質の高さや優れたデザインは、外国人が作ったからといって価値が失われるものではない。

実際、世界中で売れている無印良品（ＭＵＪＩ）の製品は、インドや中国で作られている。世界の人々をあっと驚かせたウォシュレットだって、中国やマレーシアの工場で作られているものだ。日本人は、今一度、かつて世界を熱狂させた高品質の価値を見直し、世界に打って出るべきだろう。

### マニュアル主義を見直せ

日本が二〇世紀に成功した理由のひとつは、島国という地理的条件にある。同質性の高い社会で、似通った思考様式が団結力を生み、この国に成功をもたらしたことは間違いない。しかし、そうした強みと表裏一体して、社会が硬直化しやすいという弱点も持っている。これは先に指摘した外国人に対する差別意識にもつながる問題だ。

私は以前から日本のそうした部分を感じていたが、二回目の世界一周の旅で、この柔軟性のなさは救いがたいと感じるようになった。一九九八年末から二〇〇一年末にかけての世界旅行の途上で富士山の近くでレストランに入ったとき、「ライスだけ食べたい」と注文すると、「メニューにないものはお出しできません」と断られたのだ。

いろいろな寿司がメニューに書いてあるから、ライスはあるはず。そう思いウエイトレスに再度お願いしたが、それでもライスは出せないという。

結局、私はたくさんのマグロの寿司を注文し、別に茶碗を持ってきてもらった。そしてマグロを脇にどけて、シャリを茶碗に入れて食べることにした。ウエイトレスに「見ろ。ライスはあるじゃないか」と言ってみたが、彼女は「ライスはメニューにありません」と繰り返しただけだった。

これが私の作り話なら、どんなに良かっただろう。効率的なビジネスで世界中に知られた国は、一九九〇年当時にして硬直性と過度の規制で窒息しかけていた。この国を栄光へと導いたあの創造力と革新性は急速に失われ、敗戦直後の世代が持っていた活力と精神を失ってしまったのだ。

一九八〇年代の日本は違った。当時の日本人はできるかできないかにかかわらず、何かを頼むと元気よく「はい！」と言ってくれたものだ。営業時間が多少過ぎても一所懸命に対応してくれる〝ファーストクラス〟の国だった。公務員である税関職員でさえ、午後五時を過ぎても私たちの通関処理につきっきりで対処してくれたときには、なんという素晴らしい国なのかと感嘆したことを覚えている。

かつての日本の良さが失われてしまったのは、複数の要因が考えられるが、ひとつは過度なマニュアル主義にあるのではないだろうか。

日本人が一見外国人に対して不親切に思えるのも、マニュアル主義が影響していることは否定できない。マニュアルに外国人の扱い方が書かれていないから、受け入れられないのだ。書かれていないのであれば、自ら判断すればいいはずだろう。

マニュアルは時として人から判断力を奪う。目の前の客や、自分自身にとって望ましいことでさえ、マニュアルに書かれていなければ、できなくなってしまうのだ。

日本では、電車は時間通りに来るし、いつでもコンビニエンスストアには生活に必要な商品が並んでいる。戦後の日本人が切り開いた時代とはまったく違い、すべてがオートパイロットになっているわけだ。こうした便利な環境も、日本人から判断力を失わせる原因になっているのではないだろうか。

本来、日本人にはホスピタリティの精神や機転が備わっているため、マニュアルがなくとも一流の高品質なサービスを提供することは可能だ。事実として、世界的に有名な日本の旅館にはマニュアルがないところが少なくない。

無論、日々のオペレーションを効率化するためにマニュアルが役立つことは否定しないが、車のハンドルと同じように、何事も〝遊び〟を持たせなくては円滑に進まないものだ。時代に合わないマニュアルは廃し、主体的に日本人が能力を発揮できる環境をつくることができれば、真の意味でホスピタリティが高い国として、世界中からより多くの人が集まる国になるだろう。

### 海外でビジネスをする人の足を引っ張るな

かつて、「日本はＮＯと言えない」と言われていたものだが、今は違うようだ。私も日本で数多くの「NO」を経験してきた。

世界中で使える私の携帯電話が、日本では使えなかったし、アフリカでも使えるクレジットカードが使えなかったこともあった。マスターカードでもビザでもアメリカン・エキスプレスでもOKと謳っているにもかかわらず、その決済口座が日本の銀行のカードでないと使えなかったのだ。なんたる硬直性！

杓子定規はこれだけでは済まない。私は日本の証券会社で口座を開こうとしたのだが、ほとんどの証券会社で「対応できない」とされたのだ。業を煮やして自ら証券会社に電話したところ、外国人が口座を開き株式を売買するのは完全に合法なのだという。ところが実際に口座を開いてくれる証券会社は、当時一社しか存在しなかった。

こうした状況は一〇年以上前のもののため、最近は変わったかと思いきや、知人によると、相変わらず日本の硬直性は解消されていないようだ。

その知人は日本だけでなく海外でもビジネスをしているのだが、「とにかく日本の銀行はひどい」とこぼしていた。

たとえば、日本の銀行では、法人口座のオンラインバンクの一部の機能がアップル社のマッキントッシュOSに対応していないという。これだけ世界中でマッキントッシュOSを搭載するパソコンが使われているにもかかわらず、オンラインバンクをフル活用するためには、わざわざウィンドウズPCを購入しなくてはならないというのだ。

彼の話はこれにとどまらない。日本の銀行のキャッシュカードが海外では使えない、インターネットバンキングの利用規約に「日本国内在住の個人のお客さまに限る」と表記されている、日本の銀行員は時差を考えずに電話をよこす――。このような問題を彼はうんざりした様子で話した。

驚いたことに、日本の銀行員には、海外の電話番号に電話をかけられないというルールもあるようだ。知人は、海外にいるときに日本の銀行員から携帯電話に着信が入り、それを受けるたびに一分あたり一五〇〇円もの通話料を負担する羽目になるという。

日本の銀行は、表向きはグローバルなビジネスを応援するような口ぶりだが、その実、日本から海外に出てビジネスをしようとする人の足を引っ張っているというわけだ。こうした問題は、銀行員に不満を訴えても「ルールなので」としか説明されない。ここにもマニュアル主義の弊害が見て取れる。

そもそも、その銀行員は海外でビジネスをしたこともないのだ。知人が何に不満を感じているのかも、ほとんど理解していないのであろう。

このような硬直性は、日本にとって何ら良い影響をもたらさない。今はいくらか状況は改善されているようだが、安倍首相はインバウンドに力を入れるのであれば、外国人を許容するインフラを整えるべきだし、日本から海外に出た人々がスムーズに生活やビジネスができるように環境を整えることも不可欠だ。

## お金の使い方は首相より国民が知っている

私は、貯蓄率の高さがその国の将来性を測る指標になると考えている。

かつて、日本人の家計貯蓄率は一〇パーセントを超える水準で、世界的に見ても高かったのだが、バブル崩壊以降、年々落ち込んでいる。二〇一七年にOECD（経済協力開発機構）が発表した調査によると、ここ一〇年の中国の家計貯蓄率が三〇パーセントを超える一方で、日本は五パーセント未満にとどまっていた（図4）。前の章で触れたとおり、政府の財政状況はさらに悪化しているわけだが、今に、日本政府と同じように日本人も借金に

［図４］　日中 家計貯蓄率比較

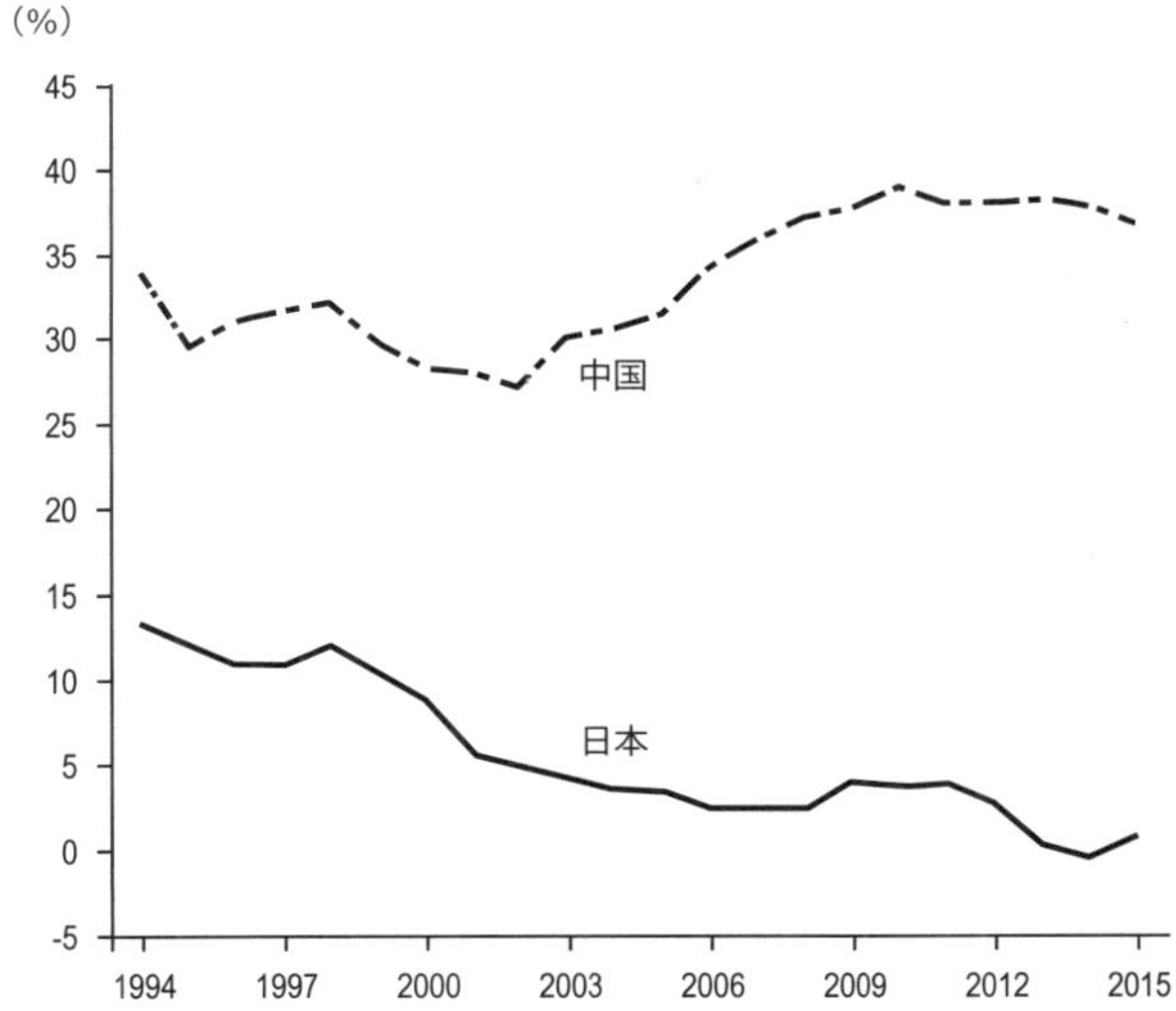


出典：OECD

借金を重ね続けるようになるかもしれない。

もし私が日本の首相になり、国のトップとしての責任を果たそうとするなら、何はともあれ支出の削減に取り組む。それも、斧ではなくチェーンソーで大木を切り倒すような気持ちで無駄な出費を削るだろう。

社会保障費や公務員の人件費など、あらゆるものが削減の対象になるが、最初に手を付けるのは防衛費の削減だ。安倍首相は数々の間違った政策を実行しているが、防衛費の増加は過ちの最たるものだ。今や、日本は四五〇億ドルを超える防衛費を支出しているが、防衛費をいくら増やしても、日本の将来のためには何の役にも立たず、むしろ国民の生活が悪くなるばかりだろう。

国の支出は、国民の生活を豊かにするためにおこなわれるべきものと私は考える。たとえば最新設備を備えた工場に投資をすれば、そこから新しい商品が生まれ、雇用も生まれ、社会全体に良い影響をもたらす。このような支出であれば私も肯定する。

しかし、防衛費の効果はいつだって非常に限られた範囲にとどまる。武器に予算をつければ、武器の製造やメンテナンスに直接関わる人たちは儲けを得られるとしても、それ以上のことは何も起きない。やがて武器は老朽化し、無駄金だったということになる。

すでに問題を抱えている日本において、防衛費をはじめとする支出を削減することもなく、さらに増税を実施するのであれば、日本人は子どもを増やそうという気をますます失くしてしまうだろう。これが行き着く先は国の破滅だ。

あなたのお金をどうすべきか知っているのは誰だろうか。安倍首相のほうがよくわかっていると思うだろうか。もちろん、そんなことはない。自分のお金をどうすべきかを一番知っているのは、いつだって自分自身なのだ。

日本人が自らお金の使いみちを決められるようにするためにも、日本政府は国の支出を大胆に削減し、減税を実施して日本人の活力を高めなくてはならない。

## 農業の可能性に目を向けよ

世界的に農業従事者の平均年齢は上がる一方だ。日本でも農業従事者の平均年齢は約六六歳と高齢で、一部の地域では農業従事者がいなくなり、空き農地も増えているという。

農家の子どもたちは、東京や大阪に移り住んで別の仕事をしている。これまでのように血縁による後継者だけに頼っていれば、日本国内には農業の担い手がいなくなり、やがて日本の農業は衰退してしまう。

しかし、担い手さえ見つければ、競争がない日本の農業には明るい未来が待っている。食料を生産できるというだけで、かなりのお金儲けを期待でき、将来は安泰だ。ライバルが少ない今のうちに農業を始めれば、一五年後には農家として大成功し、「ここで働かせてください」と言ってくる人が次々と現れていることだろう。

あなたが日本に暮らす一〇歳の子どもだとしたら、先行きの見えない日本の大企業や公務員を目指すのではなく、農業をやることを真剣に考えたほうがいい。成功を求める意味でも、安定を求める意味でも、農業は理にかなっているのだから。

とはいえ、甘やかされて教育された日本人の若者は太陽の下で働き、汚れることを嫌うだろう。自ら農作業をおこないたくないのであれば、農地を購入し、移民を働き手として受け入れて経営することも考えられる。今、誰も買おうとしない日本の農地や農場はとても安いから、ここにやる気のある移民を呼び込めば、それだけで成功することができる。

もっとも、日本人が動かずとも、いずれ日本に移民が増えれば、彼らが自ら農地を買って農業を営むことになるだろう。そして職を失った日本人を労働力として迎え入れる可能性もある。定年退職した六〇代の日本人も意外と体力と頭脳が有り余っているため、労働力として重宝されるだろう。いずれにせよ、日本の農業を大きな成長産業にするには、外国人を受け入れることが必須条件ということだ。

日本政府は、若者や外国人を農業の担い手として受け入れる環境を整えるべきだ。並行して農家を保護する政策は廃止すべきと考える。ブラジルやアメリカといった世界の農業と伍していくには、低賃金労働をとり入れて価格を下げることが絶対条件だからだ。

また、日本の農業技術の価値に目を向けることにも大きな意味がある。肥料や農薬、流通コストが高い日本においては、ＩＣＴ（情報通信技術）システムを利用した栽培技術の向上や大規模農法の開発といったイノベーションが求められるからだ。そのためには国内農業に対して投資を通じたお金の流れを増やす必要もあるだろう。

技術力の高さにおいて世界から信頼されている日本が、素晴らしい農業技術を開発できたなら、技術を海外に輸出して外貨を獲得することも可能となるはずだ。こうした状況を生み出すためにも、日本の農業に若きプレイヤーをもっとたくさん呼び込まなくてはならない。

日本政府は、半世紀ほど続いた米の減反政策を二〇一八年度に廃止したという。こうした改正は評価できる。さらに、法改正により農業への参入の壁が低くなったことで、若い農業参入者も出てきているという。日本の元会社員が農業法人を設立し、年商一二億円の売り上げを得るまでに成長させたという話も聞いた。

こうしたプレイヤーをもっともっと増やすことが、日本の経済成長につながる。日本において、成長が見込める産業は限られているのだから、農業さえも育てることができなければ、日本は間違いなく衰退してしまうことだろう。

## アジアから押し寄せる観光客に勝機を見出せ

農業と同様に日本において将来性のある産業が観光だ。日本のツーリズムは今後も好調を維持するだろう。歴史的な建造物や古民家、茶道や武士道の文化など、外国人を魅了するものが日本にはまだたくさんある。

長年にわたり、日本は近隣諸国から相当な数の旅行客を集めてきたが、今後は中国から来る大量の旅行客に期待できる。一四億人もの人口を抱える中国では、長い間、気軽に旅行をできる環境が整っていなかったのだが、規制が緩和されたからだ。

今では中国でパスポート入手や通貨の持ち出しが簡単におこなえるようになり、中国人は世界中に旅行に出かけている。これは一九八〇年頃、ニューヨークの街に突然日本人観光客が押し寄せて驚いたことを思い返させる現象だ。もっとも、中国人は日本人の一〇倍以上いるわけだから、そのインパクトも相当なものになるだろう。

実際、二〇〇三年に日本を訪れる中国人は五〇万人にも満たなかったが、二〇一八年には八〇〇万人を超える中国人が訪れた。中国から近い日本は、今後もインバウンドによる恩恵を多く受けることができるだろう。

中国人にとってアメリカやドイツは遠い。反日意識を持つ中国人も一部存在するが、高い飛行機代を使うくらいなら日本に行きたいと考える中国人は少なくない。これをチャンスと言わずして、何をチャンスと言うのか。中国人嫌いの日本人には受け入れられないかもしれないが、金持ちになりたければ、中国語のツアーガイドを始めるべきだ。

中国の他にも、約九三〇〇万の人口を擁するベトナムや、経済成長を遂げる北朝鮮・韓国など、アジアの旅行者にとって日本は魅力的な国であり続けるだろう。

こうした追い風に乗るには、日本人は外国人を受け入れる力を高めておかなくてはならない。繰り返しになるが、日本は外国人に対して自ら扉を閉ざしてきた歴史がある。外国人に対して閉鎖的であったうえに、物価も高く、訪れる外国人にとっては決して居心地の良い場所ではなかった。世界有数の経済大国であるにもかかわらず、外国のクレジットカードが使えないなどということは、本来あってはならないことなのだ。

今は少しずつ状況が好転してきていると感じる。以前は使えなかった私のクレジットカードも今では使えるところが増えたし、日本政府もインバウンド増加のために免税品の拡大などに力を入れている。

ここで手を緩めてはならない。さらに観光立国としての立ち位置を明確にし、アジアの観光客を魅了すべきだ。

そのためには、観光客の増加とともに、付加価値の向上にも同時に取り組まなくてはならない。二〇一八年の訪日一般観光客の一人当たり旅行支出は約一五万円で、前年より数字が落ちたようだが、中国人の〝爆買い〟だけにインバウンド消費を頼るのは限界がある。日本ならではの高付加価値の体験を売る工夫も考えるべきだ。

実際、統計で日本のインバウンド消費を費目別に見ると、買い物代が多くを占める現状が長く続いているものの、徐々にその割合が宿泊費や娯楽等サービス費にシフトしている。これは、外国人観光客の興味が、日本のモノからコトにシフトしていることの表れではないだろうか。量よりも質に目を向けることが、これからの日本の観光業を強化するカギとなるだろう。

## アウトバウンドにも注力を

安倍首相は日本の地域活性化に取り組んでいるが、私はむしろ外国人とビジネスをし、外貨を稼ぐことにより日本全体を活性化したほうが理にかなっていると考える。そういった意味で、インバウンドだけではなく、アウトバウンドにも今一度目を向けるべきだ。数年前、岐阜県のイチゴ農家が中東のＵＡＥ向けに一粒五万円のイチゴを輸出したことがニュースになっていた。そうした高付加価値を持つ商品が日本にはまだいくらでもある。

ところが、残念ながら多くの価値が見落とされていることもまた事実だ。多くの日本人にとっては、イチゴ一粒に五万円も出す外国人がいるなどとは想像もつかないだろうし、低価格競争の意識から抜け出せない日本人は少なくない。

私の知人が面白い話をしていたことを覚えている。外国人の目からは、日本人がペットボトルで緑茶を飲んでいる姿が奇妙に見えるというのだ。というのも、最近は海外でも急須でお茶を淹《い》れることが流行しており、そうした美しい文化を捨てて疑いもせずペットボトルを使っている様子がおかしく感じられるのだという。

日本はせっかく自国で育んだ価値を、うまく海外に展開できない弱みを持っている。たとえば、イタリア料理を例に挙げたように、日本人には海外から取り入れた文化を高品質に磨き上げる能力が備わっているが、そうして生み出されたものが国内だけの競争にとどまってしまっている。これは実にもったいない。

ラーメンのレストランが日本の都市部にひしめいているが、そのうち海外にも出店しているものはごく僅か。勇気を持って飛び出した一風堂は今や世界で大人気だ。

日本人は、今一度自国の歴史を学び、誇るべき日本文化の価値を認識すべきだ。そのためには、茶道であれ、読書であれ、興味を持ったものを継続的に学ぶことも大切であろう。

もっとも、アウトバウンドを日本政府主導でおこなうことには反対である。日本政府は「クールジャパン戦略」を掲げ、海外において発信活動をおこなっているが、あまりうまくいっていないようだ。日本の国税が投入されたクールジャパン機構がマレーシアの首都・クアラルンプールの一等地に設置した施設の実態について、報道を目にした日本人もいるだろう。

「ISETAN The Japan Store」と名付けられたこの施設は、三越伊勢丹ホールディングスとクールジャパン機構の共同出資により運営されていたもので、一〇億円近い日本の国税が投入されていたという。「東南アジアにおける日本文化の発信拠点」という目的のもと設置されたとのことだが、閑古鳥が鳴いている店内の実態が報道で明らかにされた。

この状況を受け、三越伊勢丹ホールディングスはクールジャパン機構から全株式を買い取り、単独の自力再建を目指すことになったとのことだが、はじめから民間の力に任せるべきだったのではないだろうか。

数年ごとに担当者が変わる日本の官僚組織に任せると、やがて利権化し、お金を使うことが目的化してしまう。これは歴史上、何度もおこなわれてきたことだ。

支持率欲しさにいろいろな施策をしようとする年老いた政治家や、予算と天下り先欲しさに余計な仕事をつくる官僚は、今後はむしろ何もしないほうがいい。意欲ある若い民間人に任せたほうが、よほど素晴らしい成果を挙げることだろうから。日本政府は、自ら主導するのではなく、優秀なビジネスマインドを持つ日本人が、その力を遺憾なく発揮できるような環境を構築すべきだ。

## 未来を読むために、歴史に学ぶ

未来の新聞が読めたら誰でも大金持ちになれる。

そう、どんな未来であっても、先読みすることができれば成功を収めることはできるのだ。本書ではここまで日本の暗い見通しについて記してきたわけだが、そうした未来を読み、受け入れることができた日本人には明るい未来が訪れる可能性がある。

私が若い頃に働いていた会社の上司は、あるとき朝刊を読みながら「ジム、場が開いたらこの株が一〇万株、△△ドルで売りに出ているだろうから、その銘柄を買っておいてくれ」と私に言った。

場が開くと、上司が言ったとおりの株数と値段で売り注文が出ていたことに驚いた。その上司は短期売買の天才だったのだ。ただ新聞を読んだだけで、これから何が起ころうとしているのかをほぼ正確に把握していた。

残念ながら私はその上司のような特殊能力を持っていない。世の中には短期売買が得意な人もいるが、私には当てはまらないようだ。しかし、長期的な変化をとらえることにかけては自信がある。

私の場合、歴史や哲学を学び、興味を持ち続けてきたことで、将来どのような変化が起きるのかを長期的に予想することができる。誰でも、歴史を知れば、すべてのことがかつて起きていたという事実がわかるはずだ。歴史はつねに、世界について多くのことを私に教えてくれる。私たちが新しいと思っていることも、ギリシャやローマの歴史を読むと、同じようなことがあったことに気づく。二〇〇〇年以上も前にプラトンが書いた本が、二一世紀の日本やアメリカで起きる変化をとらえる手がかりになることもあるのだ。

なぜ歴史は繰り返されるのか？　過去も現在も、そして未来も私たち人間はほとんど変わっていないからだ。プラトンはもちろん日本に行ったことはなく、彼が生きた時代にはインターネットもテレビもなかったが、プラトンの同時代人たちも今の私たちとまったく同じように心臓を持ち、食物を食べ、嫉妬する。時に人はヒステリーを起こし、政治家はたいてい判断を誤る。今起きている問題も、一〇〇〇年後の人間から見れば、「またこれも繰り返しだ」と思われることだろう。

その一方で、物事は変化するということも歴史から学ぶことができる。自分ではどんなにわかっているつもりでも、今から一五年後にはそれは当てはまらなくなるものだ。一九〇〇年の常識は一九一五年には当てはまらず、一九三〇年に知られていたことが、一九四五年にはまるで当てはまらない。そして今私たちが考えていることは、二〇三四年には何もかも違っているはずだ。こうした大きな変化を捉えることで、現在何が起きているのか、そしてこれから何が起きるのかを、うまく見つけ出せるようになる。

もっとも、若い頃の私は、歴史に興味こそ持っていたが、未来を先読みする視点は備わっていなかった。だからこそ、伝統校であるオックスフォードの大学院に行ったわけだ。私がもっと賢明であったのなら、中国の学校に行っていたことだろう。実際は文化大革命のため中国への留学は難しかったと思うが、少なくとも当時アジアの学校に行っていたのなら、今よりも金持ちになっていたはずだ。

私がオックスフォードで学んだ歴史が活かされたのは、ウォール街の投資業界で働きはじめてからのことだ。お金の動きも歴史上繰り返されていることに気づいたことがきっかけだった。以来、私は数十年にわたってアメリカやヨーロッパのみならず、日本や中国などアジアやその他の地域の歴史を学んできた。

こういう話をすると、「どこの国の歴史を学べばいいか」「どんな歴史書が最も優れているのか」などと聞かれるが、そのような問いはナンセンスだ。一口に歴史と言っても、欧米から見た歴史だけでなく、アジアやアフリカなどから見た歴史もあり、経済史や政治史というくくりもある。こうしたさまざまな切り口の歴史はパズルのピースのようなものだ。これを組み立てると、頭の中に〝世界〟という三次元パズルが完成する。

だから、どんな歴史でも知っておくといい。できる限りいろいろな国の歴史を。そうすれば、世界の姿、そして日本の真の姿が見えてくる。

## 世界を旅し、変化を肌で感じ取る

未来を予測するには、世界を訪れ自ら感じ取ることも大切だ。これまでに私は自力による世界一周を二度経験しているが、出会った人々の様子や街並みなどが、投資の判断に役立つことも少なからずあった。

ただし、ただ単に観光旅行をしても役立つヒントは得られない。世界を見る前に、その国の歴史を調べなくてはならない。歴史を知らずに他国に足を踏み入れても、目に入る大半のことを理解できないからだ。観光を楽しむことはできても、数ヵ月も過ぎれば自分がその場所で何を見たのかさえ思い出せなくなってしまう。

日本人の海外留学の滞在期間が短いという問題について先に指摘したが、たとえ短期間の滞在であれ、密度の濃い経験にする方法がないわけではない。そのために必要な要素が、歴史認識だ。

歴史を知ると、同じ現象を見ても人とは違ったとらえ方をすることができる。私が周囲から驚かれたのは、一九九〇年頃にバイクで世界一周をした後に書いた旅行記『大投資家ジム・ロジャーズ　世界を行く』（日本経済新聞社）で、「これからはキリスト教とイスラム教といった宗教や民族主義をめぐる戦いが始まる」と記し、これが現実のものとなったときだ。

私がバイクで世界を回った当時は、共産主義と資本主義の戦いが終わりを告げた時期だったが、共産主義の爪痕はまだ世界に色濃く残っていた。共産圏を走っているときに私が気づいたのは、国境線についてだった。共産主義者がさまざまな民族を無理やり押し込めて引いた、不自然な国境線に思えたのだ。

不自然で曖昧な国境線は人々に争いをもたらす。これも歴史により学んだことである。枠組みを失った国民は、民族や宗教に自らのアイデンティティーを求め、そのため争いが起きるのだ。

このような争いは、今後も起きると私は見ている。押し付けられたイデオロギーという枠組みがはずれれば、世界はもっと細かく分断され、国境線は複雑になっていくだろう。

経済のグローバル化が進み、人々はトヨタ車を運転し、中華料理やマクドナルドのハンバーガーは世界中で食べられるようになった。世界を旅して感じたのは、こうしたものが一部の人々にとって食傷気味になっている、ということだ。そうした人々は、もっと自分たちにわかりやすく、制御しやすいアイデンティティーを求めている。それは言語であったり、民族であったりするのだろう。ここに争いの火種がある。

このような気づきを、島国であり同質性の高い社会である日本から出たことのない人は得ることができないだろう。過去の歴史に学び、世界を旅することで変化をとらえる。そのような日本人が増えれば、さまざまな問題を抱える日本にとって、大きな希望になるだろう。

# 第三章　アメリカ、中国、朝鮮半島——これが変化の本質だ

## ファーウェイで繰り返される衰退の兆候

本章では、アメリカ、中国、朝鮮半島をはじめとする国々について、私の目から見える現状や将来を伝えたい。これらの国のことは、拙著『お金の流れで読む日本と世界の未来』でも触れたが、あらためて現状を踏まえて説明する。

まずはアメリカについて。アメリカではトランプ政権が保護主義を強めているが、愚策でしかない。これはアメリカの先行きをさらに悪化させる要因になるだろう。

もともと、トランプが大統領になる前からアメリカは一部の業界を保護してきた。たとえば鋼鉄（スチール）はアメリカで長年保護されてきた業界だ。アメリカの鉄鋼業界は、何十年も前から、「外国企業から自分たちを守ってくれ」と政府に頼んできた。

その要望をアメリカ政府は受け入れてきたため、鉄鋼業界の人々は、リストラをおこなって効率を上げたり、成功している外国企業の手法を学んだりすることもなく、政府による保護頼みとなってしまったのだ。

トランプ政権は、悪しき伝統を引き継いだうえに、さらにひどいものにしている。彼は国外から輸入する鉄鋼やアルミにさらに高い輸入関税をかけている。鉄鋼業を保護政策により守ったとしても、恩恵を受けることができるのは国内三万人の鉄鋼労働者だけだ。アメリカに暮らす三億人以上の人々は、そのために高い鉄鋼製品を買わなくてはならない。

保護主義政策の影響はこれにとどまらない。たとえば車の輸入に高い関税をかければ、国内で販売される自動車は高くなる。そうすると、その車を買うクリーニング店は、その価格を料金に反映させたいと思うだろう。物流のトラックやタクシーの料金も上がることになる。こうした影響が広がるにつれ、アメリカの多くの国民の生活が厳しくなるのだ。

ファーウェイに対してもトランプは強硬な姿勢を崩さないが、ここから私が読み取ったのはトランプの焦りだ。中国はアメリカの八倍以上のエンジニアを毎年輩出している（図5）。このまま市場競争に任せていては、中国に勝てないとトランプは考えているのだろう。もっとも、アメリカがファーウェイ製品の使用を禁じたところで、それをもって米中のテクノロジー戦争にアメリカが勝てるわけではない。すでに世界の多くの国でファーウェイ製品は使われているのだから。

市場で戦えないから、政治家に頼る。これはアメリカの鉄鋼業界がおこなってきたこと

[図5] 科学技術系学科の卒業生数

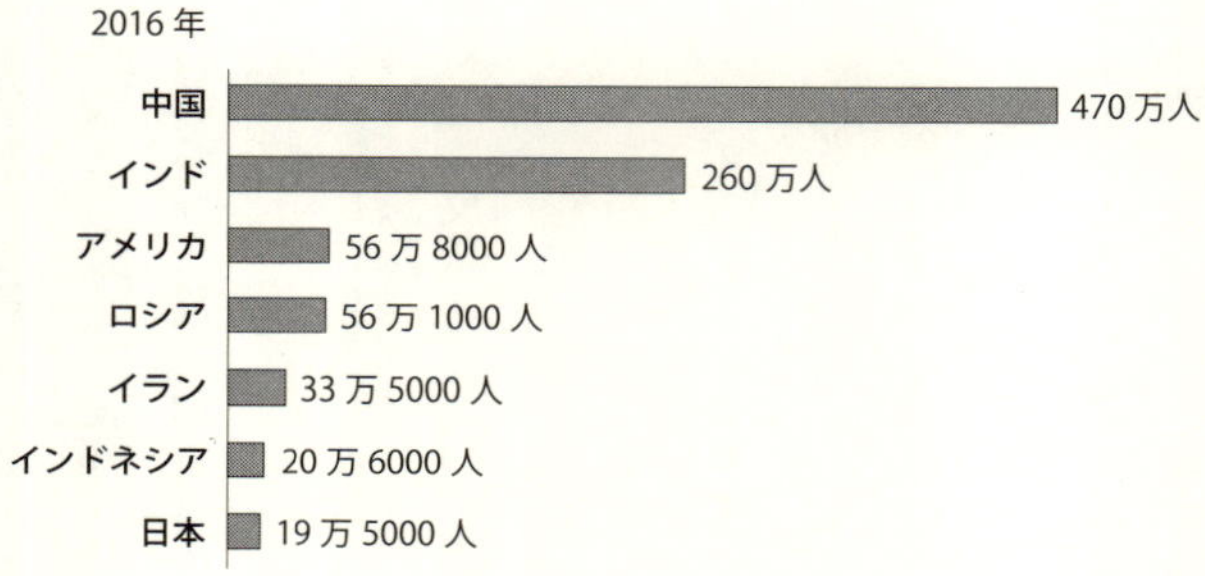


出典：世界経済フォーラム

と何ら変わらない。その愚かな歴史を繰り返しているのだ。長期的に見れば、アメリカ経済の衰退につながることだろう。

## 米中貿易戦争の末は武力衝突もあり得る

保護主義を強めるほどに、アメリカの経済は悪化していく。そのとき、トランプは保護政策をやめるだろうか？　実は、私は逆の予想をしている。

トランプはこれまで経済や市場の活況を自身の手柄としてきた。そのため、もし自らの失策のせいで国内経済が悪化したと認めれば立場を失うことになる。

しかし、トランプはそう簡単に自らの非を認める人間ではない。彼は追い込まれた末に仮想敵国を立て、経済悪化の責任を負わせるはずだ。最初のターゲットはやはり中国だ。米中貿易戦争はますます本格化し、さらには輸出が盛んな日本や韓国などに対しても強硬な姿勢をとるだろう。

トランプは今、中国との貿易戦争に勝てば彼の利益になると本気で考えている。これは見当違いもいいところだ。トランプは歴史を知らないか、あるいは歴史よりも自分が賢いと思っているのだろう。

大規模な貿易戦争に陥れば、影響は世界中に波及する。世界の人々は将来に不安を感じ、消費や投資意欲は減退するため、世界の景気は急速に悪化することだろう。世界各国の債務がかつてなく積み上がっている今、政府や企業の信用力が低下してしまえば、返済不安から債券が買われなくなり、金利を上げざるを得なくなる。そして、金利が急上昇すれば、債務を抱えている国が苦境に陥るのは明らかだ。

日本は貿易大国である上に公的債務も大きいため、貿易戦争によって受ける被害は甚大だ。債務が少なく資源に恵まれたロシアのような国は比較的影響が小さいと考えられるが、結局のところ貿易戦争はすべての国や地域にとってマイナスでしかない。

トランプはずっと、「貿易戦争はいいものだ」と言い続けてきた。偉大なアメリカを取り戻すために必要なことだ、と。トランプが政権に就いた当初こそ、政府に貿易戦争にはなんの価値もないことを知る人物はいたが、彼らはすでに政権を去ってしまった。今残っている人間は、トランプに同調し、貿易戦争にアメリカが勝って利益を得ることができると本気で思っている連中ばかりだ。

彼らが自らの過ちを認めるのは、取り返しがつかなくなった後になるだろう。世界最大の対外債務を抱えるアメリカは、経済悪化により国債の債務不履行を引き起こす可能性がある。債務不履行の懸念が高まればアメリカ国債の価値は相対的に下がり金利は上昇する。この金利を支払う余力を持たないアメリカは、さらに紙幣を刷り続けることになり、未曾有《みぞう》のインフレに見舞われてしまう。そのときに直面する問題は、二〇〇八年の金融危機よりさらに深刻であり、過去最悪なものになるはずだ。

一九三〇年代、アメリカが始めた貿易戦争は経済の崩壊につながり、第二次世界大戦を引き起こした。あのときのように、貿易戦争から武力衝突のような事態に陥ることも今は否定できない。

いつの時代にも戦争はあった。これまでに哲学者や宗教指導者が戦争を止める方法を見つけ出そうとしているが、まだ実現できていない。今も世の中のどこかで戦争はおこなわれているし、今後も完全に戦争がなくなることはない。変化があるとすれば、これからの戦争には女性も参加するだろう、ということくらいだ。

どんな戦争も、政治家による「敵を打ち負かす」という言葉を真に受けた国民の熱狂から始まる。戦争が始まると、「悪と闘っている」と誰もが陶酔した気分になるが、取り返しのつかない破滅が起きた後になって国民は目が覚める。

戦争は完全にばかげたものだ。戦争は人間の時間の費やし方のなかでも最悪だと私は思う。資本を、金銭を、そして生命を破壊するものでしかない。ひとたび戦争が始まれば、敗戦国はもちろん、勝利国も多くのものを失うことになる。

貿易戦争であれ、武力を伴う戦争であれ、勝者などどこにもいないのだ。

### 中国のパワーは資本主義の伝統から作られた

すべての弾丸を撃ち尽くしたアメリカに代わって台頭するのは、やはり中国だ。好むと好まざるとにかかわらず、中国が二一世紀で最も重要な国になることは間違いない。

一九世紀はイギリスの世紀であり、二〇世紀はアメリカの世紀であった。そして次なる超大国は中国というわけだ。イギリスやトルコ、イタリアなどのかつての覇権国とは違い、中国は史上何度も世界の頂点に立ってきた唯一の国である。これを成し遂げた国は他にない。

私は車で中国を三度も横断した。そんな人間は中国人も含めて世界で初めてだと中国大使館や観光局から言われたものだ。もちろん真偽のほどはわからないが、私は中国の変化をこの目で見て、数十年前からその成長を確信していた。

一般に中国人は共産主義者だと思われているようだが、私の考えは違う。歴史的に見て、中国人こそが最も優秀な資本主義者だったのだ。

彼らには長い起業家精神の歴史がある。そして中国にはその多くの時代に商人階級が存在した。ここがロシアとの大きな違いだ。ロシアは資本主義の伝統をほとんど持たないため、いまだ共産主義の制約から脱することができていないが、表向きは共産主義を装う中国は、実にうまく資本主義を取り入れている。

一九七五年一月の全国人民代表大会にて、周恩来は農業、工業、国防、科学技術での「四つの近代化路線」を提起した。その後、四つの近代化路線は一九七八年に鄧小平の指導下において統一的な国家目標として定着したわけだが、私が考えるに、彼らは中国の資本主義の歴史に訴えかけていたのではないだろうか。中国を世界の産業や技術の最先端に押し上げた起業家精神を再び解き放つために。

毛沢東による革命により、中国に厳密な共産主義が敷かれていたのはせいぜい三〇年程度。だから今生きている中国人には資本主義の記憶がまだ残っているはずだ。実際、資本主義を捨てられなかった中国人が世界中に移り住み、華僑として経済的な成功を収めているではないか。

華僑は中国にとって最強の資源の一つだ。この国は巨大な国外移住者ネットワークを持ち、シンガポールやバンコク、バンクーバー、ジャカルタ、ニューヨークで彼らは成功している。たとえ中国からタイに来て五代目の人間であっても、彼らは中国人としてのアイデンティティーを持ち、中国語を話す。そして中国はいつでも彼ら華僑を迎え入れてきた。中国に戻る華僑は、資本だけでなく知識も持ち帰る。知識は資本と同様に重要なものだ。中国人は華僑がもたらした知識をすばやく吸収し、自分たちの強みに変えてきた。中国人のとどまるところを知らない知識に対する欲求が、国家を発展させてきた原動力であることは間違いない。

私が「中国の時代が来る」と確信し、はじめて投資をしたのは一九八八年にバイクで中国を横断したときのことだった。中国の可能性を自らの肌で感じ、上海証券取引所で中国株を買うことにしたのだ。

当時の取引所は傾きかけたビルの中にあり、目の前の道は舗装もされていなかった。建物に入ると一〇メートル四方の事務所があり、事務員は一人きり。株を買うといっても、その事務員にお金を払うだけのことだ。これぞ店頭市場。事務員はそろばんを使って計算をしていた。

当時、その窓口で取り引きされていた銘柄はほんの一握りだったため、私は銀行株を購入した。この時点では、投資価値というよりはむしろ記念購入の意味が強かったのだが、もちろん大きな投資のチャンスが来ていることも感じていた。その証拠に、当時の私はテレビカメラに向かって、このように語っていた。

「いつの日か私は中国に大きな投資をするだろう。だから、物事の仕組みがここではどうなっているのか、今のうちに知っておく必要がある。革命前の中国にはアジア最大の株式市場があった。私の考えが正しければ、いずれまたそうなる」

一九九九年に再び上海を訪れたときには、私の確信は強まった。いまにもつぶれそうだったあの取引所のビルは建て替えられ、輝くばかりの高層ビルに変わっていたのだ。そのときにはきちんと証券口座を開き、中国株をさらに買い増した。

中国株はすでに当時よりもかなり上がっている。今から中国株を買うのであれば、中国経済の景気後退まで買い時を待たなくてはならないだろう。売り時に関しては、私が生きている間には訪れないと思う。中国経済はまだまだ成長を続けるだろうから。

## 「先賞試、後管制」が明らかにするもの

中国には有利な点がたくさんある。誰の目にも明らかな利点は、膨大な人口と資本だ。人口規模は国の力に直結する。すでに記したように、中国は今やアメリカの一〇倍近いエンジニアを毎年輩出するようになっており、これは驚くほど膨大な数だ。二一世紀に中

国が台頭するのを止められる国はどこにもないと感じさせる。ファーウェイに対してトランプが危機感を抱くのも当然だ。

中国が優秀な人材を輩出し続けているのは、教育制度によるものと考えている。私はシンガポールで娘に教育を受けさせているが、アジア式の教育はアメリカのそれよりはるかに中身が濃く、レベルも高い。

エンジニアが活躍しているのは、技術に重きが置かれてきた中国の歴史に負うところも大きい。江沢民、胡錦濤、温家宝といった歴代の指導者の多くが元技術者だったし、鄧小平も技術に重きを置いたことで中国をここまで成長させることができた。

かつては、中国は規制が厳しく、ビジネスに向かないと言われていた時代もあった。今でも、すべてが国有化されていた中国のイメージを引きずっている人は少なくないだろう。しかし現在はＩＴ関連を中心とした非国営の企業が中国経済を牽引しているのは、間違いのない事実だ。

私の目から見ると、今の中国政府は、中国人を上から管理するのではなく、国民が備える商魂や勤勉さを発揮させようと考えている。このことは、李克強首相が唱えた方針である「先賞試、後管制」からも明らかだ。「まず試しにやってみよう、問題があれば後で政府が規制に乗り出す」という意味のこの言葉は、今の中国共産党の姿勢を示している。

勤勉な人間が成功しないはずがない、というのが私の考えだ。この意味においても中国の先行きは明るい。

中国を車で走っていたとき、農地で働いている人々の姿をいつも目にした。彼らは日の出から日没まで働き通しだ。半分近くは女性で、座り込んで油を売っている人など一度も見かけない。日が暮れても、ライトに照らされながら道路工事をしている人の姿が目に入った。時にお年寄りが静かに座って、籠の鳥を相手にお茶を飲んでいるのを目にすることはあっても、ぶらぶらしている若者などは決して見かけなかった。

ここで私の中国の友人のことを紹介したい。彼と最初に会ったのは一九八八年のことで、彼は小さな屋台で農民たちにパンを売り歩いていた。次に一九九〇年に会ったときには彼の屋台はレストランになり、小さなホテルも経営するまでになっていた。その後、彼と再会するまでに約一〇年を経たが、複数の大きなホテルとレストランを経営し、絨毯を作る工場を持つ資本家になっていたのだ。

私は、彼の姿に中国の精神と希望を見たような気がした。

中国の人々は勤勉に働き、第二章で触れたように、収入の約三〇パーセントを貯蓄や投資にまわしている。そんな国が成長しないわけがないではないか。中国は、一人っ子政策という愚かな政策による問題を今後しばらく抱え続けることになるが、長期的に考えると中国の勢力は世界中に伸びていくと私は見ている。

ただ、中国で急速に広がる経済格差には問題を感じる。急に金持ちになった中国の〝成金〟たちのふるまいときたら……。一九五〇年代のアメリカ人が「醜いアメリカ人」と呼ばれていた頃と同じように、大金を持って海外に行き、「あなたたちよりも優れている」という態度をとっている。

これはかつてのイギリス人にも起きたことであり、誰にでも起こることだが、日本人は違った。賢いことに、まだ経済の発達していなかった中国を訪れても大金を見せびらかさず、黙っていたのだ。もしあのときに日本人が中国人の成金のような態度をとっていれば、中国人を怒らせていたことだろう。これは日本人の富の扱い方において、一番肝心なことだ。

## 覇権国は近隣国を支配する

中国は、他国への影響力も徐々に強めている。たとえば、アフリカの首脳たちは今やアメリカよりも中国のことを信頼しているのだ。

アメリカの歴代大統領は、過去二〇年間でアフリカを三、四回しか訪問していない。その一方で、中国はアフリカ各国の首脳を北京に招待して大きな国際会議を開催している。この国際会議の際、アフリカの各国首脳は中国から丁重に扱われるため、彼らは喜んで参加し、中国との関係を強化しているのだ。

ロシアのシベリア地方にも中国人は押し寄せている。天然資源が豊富なシベリアが、かつて中国の領土だったことを覚えているのだろう。いずれ、さらなる中国人がシベリアを占有し、実質的にロシアから取り戻すことも考えられる。

ただ、中国が他国への影響力を強めるとはいえ、それはあくまでも平和的におこなわれるはずだ。歴史的に見て、中国は比較的平和主義であり、近隣諸国と武力で争うことは少なかった。

イギリスがアフリカに進出したとき、イギリス人は「自分たちの言うとおりにせよ」「自分たちがすべてを所有する」と言い、支配をした。アメリカも同じやり方でアフリカを支配したが、中国は違った。中国人はアフリカに金を与え、「これはあなた方のお金です」「自分たちの好きなようにやってください」という姿勢をとってきたのだ。領土を巡って戦いを繰り返してきたヨーロッパとは違う方法で、中国は覇権国となっていくことだろう。

現在アメリカがカナダなどの近隣国を実質的に支配していることからもわかるように、覇権国家が存在するとき、近隣国は支配されるものだ。

次なる覇権国家は中国である。このことを知っているのは私だけではない。その証拠に、私の他にも自分の子どもに中国語を学ばせている親たちが少なからず存在する。

言うまでもなく、日本は中国にとっての近隣国だ。今後、中国はますます日本人に大きな影響を及ぼすようになるだろう。

もっとも、日本が一〇年後に中国から支配されるといったことは考えにくい。将来を心配して急いで逃げ出すような状況ではまだないが、覇権国家による支配は歴史における事実として認識しておくべきだ。

## 金正恩のスキーリゾート建設が意味するもの

日本人にとって嫌な話かもしれないが、韓国は日本よりも成功する見込みが高い。その理由は北朝鮮にある。まずは北朝鮮の現状を見ておこう。

北朝鮮の経済状況は今、世界の最下位と言っていいほど低いレベルにある。これは事実だ。しかし、間もなく状況は変わると私は見ている。

北朝鮮を私が初めて訪れたのは二〇〇七年のことだ。今の若き指導者の父親である金正日はまだ存命で、北朝鮮には厳しい規制が敷かれ、非常に閉鎖的だった。

私が妻のペイジとガイドと一緒に街を歩いて、理髪店に入ったときのことを覚えている。理髪師もガイドもショックを受けた様子で、散髪をしてもらいたいと頼むと、「それはできない」「スケジュールに入っていない」「許可を受けていない」と繰り返すばかりだった。そして、散髪するなら滞在先のホテルに外国人を散髪する許可を受けた理髪師がいるから、そこに行けと言われたのだ。

歴史を振り返ると、以前の中国も同じような状況だった。ところが一九七八年の中国共産党中央委員会の全体会議で経済の改革開放が決まり、それ以降、固く閉ざされていた中国が外に対して開かれた。このことにより何が起きたかは誰もが知っている。そう、劇的な経済成長だ。これと同じようなことが北朝鮮にも起きる可能性を私は感じている。「そんなことはばかげている」と思われるだろうか？　二〇一六年に東京で講演したときには、「これからは北朝鮮が台頭する」と発言し、あまりに「北朝鮮、北朝鮮」と語ったものだから逮捕されないかと心配になったものだが、多くの日本人にとっては、北朝鮮が成功するなどとは、信じることもできないし、考えたくもないことなのだろう。

たしかに、今なされている報道を見ると、「北朝鮮には未来がない」と考えることは簡単だ。先進国による経済制裁が続き、マスコミは北朝鮮の人々の困窮ぶりを報道し続けているのだから。

しかし、私は「待った待った、何かが変わってきているのではないか？」と考えたのだ。最初に気づいた変化は、新しい指導者である金正恩が国際的なスキーリゾートを建設したことだった。二〇一三年に金正恩が肝煎《きもい》りで完成させた馬息嶺《マシンニョン》スキー場である。冬はスキー、夏は登山をするために、世界からここに観光客が集まっている。このようなことは、数年前までの北朝鮮では考えられないことだ。

スキーリゾート建設のことを知った私が最初に考えたことは、「そういえば金正恩はスイスで育ったのだな」ということだった。スイスで育ったのであれば、スイスと北朝鮮の違いを彼は知っているはずだ。そして普通に考えれば、今のスイスと北朝鮮のどちらに住みたいかといえば、誰しもスイスを選ぶ。

ところが、金正恩は立場上、祖国を捨て去ることができない。いくら望んだところでスイスにはもう戻ることができないのだ。もしかつて体験した先進的な暮らしを取り戻したいのであれば、祖国を変えるほかない。同じように、北朝鮮の将官たちも、若い頃に北京や上海、モスクワなどの都市に滞在した経験を持っている。そうした経験を持てば、「平壌は時代遅れのままだ」とため息をつくことだろう。

外の世界を知る者たちが国のトップに就いている。これが前向きな変革をもたらす原動力となり得ると私は考えた。事実、スキーリゾートという小さな変化を起こした金正恩は、その後、さらなる変化を北朝鮮にもたらしている。一五の自由貿易区域、自転車ツア

ー や映画ツアー、国外からも選手の参加を受け付けた平壌マラソン……。いずれも金正恩の時代になって生まれたものだ。

もし父親の金正日《キムジョンイル》や祖父の金日成《キムイルソン》が生きていたら、金正恩を処刑してもおかしくないほどのドラスティックな変化が、今の北朝鮮には起きているのだ。

## 活気に溢れた北朝鮮

共産主義が北朝鮮をダメにしてしまったが、もともと北朝鮮は資源が豊富で、韓国よりも裕福な国だった。一九七〇年代から徐々に韓国との差が開き、今では経済力において北朝鮮は遅れを取っているが、経済を開放すれば、豊富に残る地下資源を活かして再び豊かな国になれる。

北朝鮮の人々は子どもの教育に熱心で、一所懸命働き、貯金もする。国民性の面からいっても、中国と同様に成功する条件を備えている。北朝鮮に行った際に目にした彼らの働きぶりは目を見張るものがあった。シンガポールや中国に送り込まれ、資本主義や株式市場などを学んでいる北朝鮮の人々も、いずれ祖国の経済成長の原動力となるだろう。

そういえば、私が金正恩の招請により北朝鮮を訪問するといったニュースが韓国の新聞の一面に掲載されたことがあった。二〇一九年二月のことだ。しかしこれはまったくのフェイクニュースである。私自身、この報道を知ったときは大変驚いたものだ。

報道について初めて聞いたのは、ウォールストリート・ジャーナルのカリフォルニア支局から電話で問い合わせが来たときだ。私は「それは面白いが、いったいどういうことなんだ？」と聞き返した。それからは一日中ひっきりなしに電話がかかってきたのだ。韓国大使までが私のところにやってきて、「どういうことなのか説明せよ」と質されてしまった。こちらが聞きたいくらいだったのだが……いやはや、本当に困ってしまった。

私は過去に二度北朝鮮を訪れたことがあるが、政府からの招請などは受けたことがない。今はアメリカ人が北朝鮮を訪問することは不可能だが、以前は可能だったため、あくまでも自分の意思で判断したものだった。

私が二度目に北朝鮮を訪れた目的は、自分の目で何が起きているのかを見るためだった。日本やアメリカ、韓国の政府やマスコミによると、北朝鮮には着の身着のままの飢えた人が悲惨な生活を送っているということだったから、その真偽を確かめたかったのだ。

実際に現地を訪れた私が目にしたのは、北朝鮮の人々の意外なほど活気に溢れた暮らしぶりだった。

街には何百もの商店が立ち並び、世界中のアルコールや最先端の電子機器が売られている。あらゆる種類の食べ物があり、飢えている人などまったく見当たらない。ナイトライフも充実していて、報道で見られるものとは違った北朝鮮の姿を見ることができた。

また、ロシアとの国境に近い場所にある不凍港の「羅津《ラジン》」を見ることも、北朝鮮滞在の大きな目的だった。共産主義者たちが数十年間、この港を台無しにしてきたわけだが、私はアジア北部に位置する不凍港として、この場所に大きな可能性を感じている。そこで、金正恩の登場を受けて現地に生じている変化を知るため、羅津を訪れたのだ。この港にロシアと中国が埠頭を持っているという情報を知ったことも、滞在の理由に挙げられる。

北朝鮮の滞在中、私はシーツを生産する衣料品工場を所有する女性と会った。話を聞くと、五年前は五つの工場のオーナーだったところ、今は工場の数を一五まで増やしたという。彼女は非常にエネルギッシュで、私は彼女と一緒に仕事をしたいと思ったくらいだ。

彼女に取引先はどこかと聞くと、「韓国」と答えた。北朝鮮は、経済制裁により韓国との取引は禁じられているはずだが……。疑問に思い彼女に聞き直したのだが、やはり韓国と取引をしているという。

さらに詳しく話を聞いて、その理由がわかった。彼女が韓国と取引をするときには間に中国が入っていたのだ。中国からの注文を彼女が受け、商品を中国に送ると、その商品がメイド・イン・チャイナとして韓国に売られるのだという。表向きは韓国と中国の取引なのだが、実態は北朝鮮との売買ということだ。こうした取引により、もちろん中国に一部マージンが抜かれているが、北朝鮮の彼女も代金を得ることができるため、工場を増やすことができたというわけだ。

こうした取引は衣料品に限ったものではない。北朝鮮では漁業が盛んなため、私は水産加工工場にも行ってみたところ、ここでも韓国と取引をしているとの話を聞いた。やはり中国を間に挟むことによって、中国産の水産物として取引をしているという。

彼らの話を聞いたとき、私は自分が考えていたこと、説いていたことが何もかも裏づけられたという思いを抱いた。つまり、北朝鮮は、もはや以前の北朝鮮とは違うのだ。国が変化を遂げているときには頭の良い人たちが出てくる。これも歴史から学んだことだ。一見奇妙なアイデアを持ち、しかし洞察力と情熱に溢れた人々は、その国に前向きな変化をもたらす兆候だ。私が北朝鮮で出会った人たちは、まさにそうした人たちだった。

ソ連が崩壊したとき、頭の良い大勢の人たちがチャンスを掴み取り、ひと財産を築いたことを知っているだろうか。北朝鮮でも近い将来同じことが起きるだろう。

共産主義の国がこれほど急進的な変化を遂げている最大の要因は、言うまでもなく金正恩の存在にある。若い国家のリーダーがもたらす新しい風に、昔からの勤勉な国民性が相まって、北朝鮮は非常に刺激的な国になっていくだろう。

## 韓国は北朝鮮のおかげで復活する

韓国は、国際舞台においては日本や中国ほど重要な国ではなかった。だから私も韓国の歴史については無知であったのだが、北朝鮮が変化の兆しを見せる今、考えを改めなくてはならないようだ。拙著『お金の流れで読む日本と世界の未来』に記したことではあるが、ここでも繰り返しておこう。

韓国は、日本と同じような問題を抱えている。出生率が低く、子どもたちが公務員になりたがるといった保守性も共通している。しかし、朝鮮半島の南北統一が実現すれば韓国の問題は軽減されるだろう。そして韓国は投資するに値する国に変貌する。

北朝鮮には若い女性が多く、子どもを生むことに躊躇しない。日本や韓国とは違って、北朝鮮では出産や育児に対する意識は昔からさほど変わっていないからだ。日本や台湾、シンガポールのように少子化に直面する近隣諸国に比べると、北朝鮮から女性が流入する韓国はかなり改善の見込みがある。

もともと韓国は、少子化に加えて、「女性が少ない」という問題を抱えていた。かつて韓国では胎児が女児だと中絶する傾向があったためだ。最近は状況が変わってきたようだが、長年にわたり男児を優先してきた結果は人口構造に歪みをもたらした。『朝鮮日報』によれば、二〇二八～二〇三三年に韓国人の男女の比率は約一二〇対一〇〇となるという。この問題も、南北統一によって劇的な解決を見せるはずだ。

アジアの大国である中国や日本は、少子化問題の解決につながる好材料を持っていない。中国は一人っ子政策という実にばかげた政策の影響が残っているし、日本は少子高齢化問題に関して世界の最先端にいるが、いまだ根本的な解決策は見出せていない。これらの国とは違い、韓国には解決のための方策があるのだ。

韓国が日本よりも伸びると私が考える第二の理由は、日本人よりも韓国人の気質が多少オープンであるという点だ。日本人よりも変化を好み、受け入れる土壌があり、現実の課題に対して主体的に変えていこうという意欲が見られる。

そう言えるのは、多くの農業従事者たちが花嫁を探しにベトナムへ出かけているという話を聞いたからである。女性が少ない自分の国では見つからないから、外国に飛び出しているというわけだ。

日本人も韓国と同様に国内で結婚相手を見つけられない男性は少なくないが、外国人の嫁をもらうくらいなら一生独身を貫くという人が多いのではないだろうか。

韓国経済については、株価指数の下落が最近続いていたことから、その先行きは暗いと思う投資家も少なくないだろう。韓国GDPの一〇パーセント以上も担っているサムスン電子の株式が二〇一八年に大きく下落したことで、「サムスン・ショック」などと騒がれたことは私も認識している。

しかし、それでも私は韓国の経済に期待をしていることに変わりはない。いずれにせよ世界的に経済は失速しているのだから、サムスンの株価が短期的に低迷したからといって、韓国経済の不調がずっと続くとは考えていない。

経済を悪化させる世界の各国よりも韓国のほうに見込みがあると考えるのは、北朝鮮というフロンティアがあるからだ。南北統一が実現すれば、サムスンはもちろん、韓国経済全体に素晴らしい追い風が吹くことになる。

## 南北統一によるビジネスチャンス

北朝鮮と韓国の統一は、遠くない未来に起きる。二〇一九年に入っておこなわれた二回目の米朝首脳会談が物別れに終わったことで、再び北朝鮮が閉ざされたと見る人もいるが、変革が訪れるまでの時間が若干遅延したに過ぎない。

南北統一を実現するには、いくつかのハードルがあることは事実だ。まずは非常に大きな資金がいる。しかしこの点は、北朝鮮と韓国のいずれも軍備支出削減の余地が相当あるはずだから問題ない。加えて朝鮮半島の周辺には豊かな国が揃っているため、他国からの投資も相当見込める。

ネックとなるのはアメリカの存在だ。私は外部環境が整えば北朝鮮はすぐにでも開放されると見ているが、アメリカが韓国に駐留させている三万人の軍隊を引き揚げたくないと考えるなら相応の時間がかかるだろう。この場合は段階的な経済開放のほうが現実的だ。

経済開放が実現すれば、真っ先に反響が起きるのはツーリズムだ。七〇年間も閉鎖されていた国が、どのような場所なのか、多くの人々が興味をもっている。ひとたび北朝鮮が開放されれば、世界中から人々が押し寄せてくることだろう。

北朝鮮と韓国が統一されると、外国から投資を呼び込めるだけでなく、国内の投資も活発になる。北朝鮮に投資をする資金力を備える韓国の財閥はさらに勢いを増し、韓国の人々は北朝鮮に、北朝鮮の人々は韓国に強く興味をもっているから、国内旅行も非常に盛んになる。私はこうした未来を見据え、大韓航空の株式を買った。

日本の経済を復活させるにはインバウンドに頼るほかないが、韓国は国内消費にも期待することができる。この点は両国の大きな差だ。二四歳の日本人が日本で成功するのは難しいかもしれないが、南北統一後を見据えて韓国で起業すれば、かなりのお金持ちになれる可能性がある。

朝鮮半島の不動産も値上がりが見込める資産だ。私はほんの短い間だが、ソウルで土地を買おうと考えていた。この街を二つに分けて流れる漢江の北側が、南側よりもずいぶん地価が低かったからだ。

漢江の北側には戦争の懸念がある。そして多くの人々は、北朝鮮と韓国の間で戦争が起これば、北側まで北朝鮮が侵攻してくるかもしれないと恐れている。だから漢江の北側の土地は極端に安くなっているのだ。

ところが朝鮮半島の南北統一が実現すれば、北側の地価を下げている大きな理由が消滅する。そうすると北側の土地が高騰することは誰の目にも明らかだろう。

私は不動産投資家ではないので、土地の購入は諦めたが、可能であれば川の北側の安い土地を買えるだけ買っておくべきだ。それだけで嫌になるほど金持ちになれるのだから。

日本や中国が現状のままでいれば、五年後のアジアで最も幸福な国になるのは、朝鮮半島の統一国家だと私は見ている。さらに先の未来を考えると、人口の面などから中国に軍配が上がるが、中期的に考えると朝鮮半島の繁栄は既定路線だ。

## 中国に続くＢＲＩＣｓ期待株はロシア

著しい経済発展を遂げているという意味で、ＢＲＩＣｓ（ブラジル、ロシア、インド、中国）に注目している人もいるだろう。中国についてはすでに説明したが、残る三ヵ国にも触れておきたい。

まずはブラジル。ブラジル人によると、次に大国になるのはブラジルという話だが、彼らは昔から同じことを言い続けている。「ブラジルは神様のお気に入りの国である」と。

しかし、ブラジルは商品の騰落の振れ幅が大きい。相場が急騰するときにはブラジルはいつでも素晴らしい国だが、下落するときにはブラジルでは軍事クーデターが起き、すべてが崩壊する。彼らは借金を増やし、厄介な事態に陥るのだ。日本人にとって、日系人が多く住むブラジルは暮らしやすい場所かもしれないが、投資先にするのは難しい。

インドは訪れる場所としては素晴らしい国だ。もし生涯で一つの国しか訪れることができないのであれば、私はインドを選ぶ。建造物も自然も目を見張るものばかりで、インドの女性は美人コンテスト優勝者の常連だ。あたりに漂う食べ物のいい匂いで、通りを歩くだけで魅了される。

しかし、インドは世界最悪の官僚制度という問題を抱えている。彼らはイギリスから官僚制度を学び、そして極度に改悪した。またインドは、もともと異なる民族の多数の国々が集まって成立した国である点も成長を阻害している。同質性の高い社会の日本や人口の九割以上が漢民族である中国とは違い、インドでは同じ国民であっても同じ言語を読み書きすることとさえできないのだ。

こうした実情を踏まえると、私はブラジル、インド、ロシアから投資先をひとつ選ぶとするなら、ロシアを選ぶ。私は、もともとロシアを投資先としては最低の国と考えていたのだが、最近その考えを改めたのだ。理由を説明しよう。

かつて、私が一九六六年に初めてソ連を訪れたときは、融通が利かない警察国家であり、反資本主義の国という印象しかなく、「これでは社会が機能するはずがない」と感じたものだ。

一九九一年にソ連が崩壊し、ロシアになってからも、私はロシアの株式や債券を投資対象として考えることはなかった。当時のロシアでは、共産主義時代に建てた工場やインフラを修理もせずに使っていたため、生産性は低いまま。近代化路線を進め、資本を効率的に使う努力をしていた当時の中国とは対照的だった。

また、モスクワ滞在中にかたわらで爆弾が炸裂した音を耳にし、国家として危機的状況に陥っていることを肌で感じたことも、私をロシア投資から遠ざけた。

このような経験から、私は約五〇年にわたってロシアを投資先として考えることはなかったのだが、最近はロシアについてやや楽観的になっている。実際、いくつかのロシア企業に投資をし、取締役に就いた企業もある。

考えを改めた最初のきっかけは、ロシアが二〇一五年にウラジオストクで「東方経済フォーラム」と名付けた国際経済会議を開催し、共同基金を立ち上げたことを知ったことだった。ロシアでは一九九七年以来、毎年サンクトペテルブルクで国内最大規模の国際経済会議を開催してきたが、新たにウラジオストクで東方経済フォーラムを開くようになった。その目的は、ロシア極東の開発だ。以来、プーチンは自らのリーダーシップのもと、莫大な資金をロシア極東開発に投入している。私も二〇一八年のフォーラムに参加したが、そのときもやはりプーチン大統領が参加していた。

ロシアで共同基金が設立されたというのは、根本的な変化が起きていることを示す。共同基金の仕組みとは、簡単に言うと、「あなたが儲かれば、私も儲ける。あなたが損をすれば、私も損をする」というものだ。この仕組みは当たり前のように思えるかもしれないが、〝ロシアで〟共同基金が設立されたという点が画期的なのだ。なぜなら、外国企業から財産を没収していたかつてのロシアとはまったく違うスタンスなのだから。おそらく、ロシア政府内で何かが起きたのだ。古いルールではこれからの世界でプレイできないと理解したのだろう。

今後、世界からロシア極東に資金が集まることで、ウラジオストクは世界のなかで最もワクワクする都市のひとつになるだろう。

加えて、ロシアの極東、中国との国境付近のシベリア地方には、中国から資本や人々が集まってきている。すでに記したが、この土地はいずれ中国が実質的に占領する可能性がある。おそらく、そのことをプーチンは見越しているのだろう。超大国となる中国が進出してくれば、ロシア極東はさらに発展するからだ。

## アメリカの経済制裁がロシアの農業を後押し

昔、私がロシアをオートバイで横断したときには、道路はほとんどないといっていい状態だったのだが、今はあらゆるところに高速道路も橋もできている。これらはプーチン大統領の時代に造られたものだ。

モスクワの空港でも変化に気がつくだろう。中国人で溢れかえっている。五年前はモスクワの空港に中国人は誰一人見当たらなかったのだが、今は空港も赤の広場も中国人がいっぱいで、中国語があちこちで聞かれる。

以前はロシアに行くのは嫌だったが、変化している最中だから今は楽しみだ。ロシアが変わろうとしているのだから、自分の考えも改めねばなるまい。

国土が広すぎて管理が困難という問題を抱えるロシアは、アメリカや中国のような大国になる可能性は低い。それでも、分野によっては成長する見込みがある。私はロシアのETF（ERUS）やアエロフロートの株式に加え、農業分野の企業にも重点的に投資をしている。

私がロシアの農業に期待する理由のひとつがアメリカの存在だ。皮肉なことに、アメリカがロシアに加えている経済制裁が、ロシアの農業を成長させているのだ。

ロシアでは、経済制裁により食料を自由に輸入することができない。そうすると自国で作物を育てることになる。その結果、本来であれば、グローバル経済のなかであらゆる国がアメリカなどの農業大国との競争にさらされるものなのだが、ロシアは影響を免れているというわけだ。

アメリカはロシアを攻撃しているつもりでいるかもしれないが、その間にロシアの農家はグローバルな競争にさらされることなく、最新の機械を導入し規模の経済を獲得している。経済制裁はロシアの農家にとって、むしろギフトにほかならないのだ。

アメリカがこの事実に気づいて経済制裁を解除する頃には、ロシアの農業はすでに成長を遂げ、アメリカを凌駕する規模を獲得していることだろう。そのときになって初めてアメリカは「なぜロシアの農業はこれほど巨大なのか」といぶかしむことになる。これはトランプ大統領、あるいはオバマ前大統領によってなされたことであるにもかかわらず。

ロシア文学には豊かで成功した農家が大勢登場する。歴史的に見てもロシアの農業には成長の見込みがあるという証左だ。ロシアには農業に適した土壌が豊富にあり、何百年もの間、農業を大規模に営んできていた歴史がある。

アメリカがロシアと中国両国に経済制裁措置をとっていることを忘れてはならない。これもアメリカのひどい間違いだ。なぜなら、この経済制裁がロシアと中国を接近させ、両国の発展に寄与しているからだ。

債務が少ない国であることも、ロシアにとって有効に働く。アメリカや日本をはじめとする多くの国が借金を重ね、次世代に負担を押し付けているが、ロシアは違うのだ。これは誰もロシアに金を貸さないことが理由だが、昔の中国や今の北朝鮮とも似ている。

現在、世界の中で、国債を購入するのにふさわしい国はロシアくらいしか思いつかない。事実、私はロシアの短期債を持っている。

## 大麻ビジネス拡大はコロンビア経済成長の起爆剤

さきほどウラジオストクについて紹介したが、もうひとつ、今後二〇年から三〇年の間に世界で最も刺激的になる都市を挙げるなら、コロンビアの大都市であるメデジンを選ぶ。理由は簡単である。コロンビアで医療用大麻（マリファナ）が合法化されたからだ。コロンビアの大麻ビジネスは今後大きなビジネスに発展することが予想され、経済成長の起爆剤となり得る。

大麻の栽培には、一二時間の日光と一二時間の暗闇が好ましい。そして一定の気温も欠かせない。メデジンは赤道付近に位置しているため、ちょうど昼間が一二時間、夜間も一二時間ある。山間部だから気温も一定であり、大麻を栽培する上では最適な条件に恵まれているのだ。

かつて大麻が禁じられていた時代のコロンビアでは恐ろしい麻薬戦争があった。違法薬物が国内に蔓延し、麻薬カルテルによる目を背けたくなるような暴力行為も増加の一途をたどっていた。政府とゲリラの対立も激化しており、経済の発展など望むべくもない。それがコロンビアという国だったのだ。

私が世界一周の途中にコロンビアに立ち寄ったときは、首都のボゴタは反政府組織に包囲されており、街を行き交うたくさんの人たちは防護服を身につけていた。「美しく教養も豊かな人々が住む国なのに、台無しだ」と思ったことを覚えている。

しかし、あれから約二〇年を経て、コロンビアでは血なまぐさい争いは一掃されようとしている。大麻の合法化を受けて、コロンビアでは栽培施設や販売店などが今後成長することだろう。

メデジンを訪れたときに、私はある将軍と話したのだが、彼はマリファナ農家としての新たな人生のスタートを前にして、希望に目を輝かせていた。彼は、かつて大麻取引をしていた連中を投獄したり処刑したりしていたわけだが、もうそのようなことに人生の時間を費やす必要もない。将軍の他にも、メデジンの人々はみな興奮していた。大麻の合法化によって巨万の富が築かれると知っていたからだ。

メデジン滞在は、私にとっては確認にすぎなかった。大麻合法化がコロンビアに前向きな影響をもたらすことを私は確信した。

## 変化の触媒を見つける

ここまで、私の目から見える世界の変化について記してきた。最後に、変化を見極めるコツについて説明しておこう。

私の投資手法は、大きな変化をとらえ、ファンダメンタルズに忠実に動くというものだ。つまり、変化を見極めることは私にとってある種の習慣であり、投資家としてつねに試みてきた。

大きな変化とは、三年ごとに起きるようなものではなく、一〇年に一度、あるいは一〇〇年に一度の大きな変化のことだ。そうした変化に出くわすのは難しいと思われるかもしれないが、私はよく遭遇している。なぜならば、〝触媒〟をとらえるように努めているからだ。

何かが変化するときには、必ず触媒が存在する。たとえば、政府の数億ドル程度の補助金は触媒になり得る。この程度の規模の補助金は、一般の人々にとっては影響がないが、その業界の企業からすると、とてつもない追い風となることがある。ここに投資のチャンスがあるのだ。

これまでに本書で触れてきた国々についても、さまざまな物事が触媒となって変化が起きていることがわかる。アメリカではトランプ政権による保護主義の強化、金正恩の登場による朝鮮半島の南北統一に向けた気運の高まり、ロシアのプーチンによるウラジオストクを中心とした極東への投資――。

また、大きな変化を摑むには、小さな変化に目を向けなくてはならない。たとえば金正恩によるスキーリゾート建設のニュースは、ミサイル発射のニュースよりも小さく扱われた。なぜならそれは小さな変化に過ぎないと世間は軽視していたからだ。

しかし、私にとってはミサイル発射よりも、スキーリゾートのほうがより重要な変化に思えた。その理由はすでに記したとおりだが、報道で大きく扱われるかどうかは、あまり重要なことではない。新聞の片隅に掲載されるような小さな変化のほうが重要ということは少なからずある。

小さな変化に気づいたのなら、その変化の背景を探ってみよう。そして、その小さな変化が積み重なってトレンドになれば、どのような大きな変化がもたらされるのかを想像してみるのだ。その未来予測が当たる確率は、どれだけ小さな変化に気づけたかによる。

変化には、良いものもあれば、そうではないものもあることも覚えておいてほしい。アメリカの場合、トランプ政権の誕生は触媒であり、紛れもなく大きな変化となったが、それは保護主義の強化という形で、アメリカにとって悪い結果を生み出そうとしている。日本の状況については第一章や第二章で記したとおり、少子化やアベノミクスが触媒となり、日本をより難しい状況に導いている。

一方、ロシアはプーチン大統領が触媒となり、投資先としては最低だったロシアに変化をもたらそうとしている。ロシアに起きているのはまだ小さな変化に過ぎないが、数十年後に起きる大きな変化の前触れはすでに起きていると考えていいだろう。長年混乱状態だったコロンビアにおいても、麻薬合法化という触媒が変化を起こそうとしている。

このような変化の触媒をつかみ、歴史上これまでに起きてきた変化と照らし合わせることで、未来を予測することは可能だ。そして変化の中にポジティブな動きがないか注意深く分析することができれば、あなたはよりよい人生を歩むことができるだろう。

# 第四章　家族とお金を守るために私が学んだ九つの成功法則

本章からは、一人ひとりの読者に向けて普遍的なアドバイスを記している。人生の成功を望む人は第四章を、投資で勝利を得たい人は第五章を参考にしてもらいたい。

これらのテーマについては、過去に拙著『人生と投資で成功するために　娘に贈る12の言葉』（日本経済新聞出版社）や『世界的な大富豪が人生で大切にしてきたこと60』（プレジデント社）などでも触れてきたが、先行きの見えない現代の日本に暮らす人々にとっては、より大きな意味を持つと考えている。

それでは、本題に移ろう。

人生を成功させるために、「これをしなさい」という単純な答えは存在しない。しかし、「やってはいけない」ということであればいくつか思い浮かぶため、紹介したい。

## 1 人の言うとおりにしてはいけない

私は、誰かから勧められたことを実行するたびに、必ず損をしてきた。他人と話すことに学びがないと言いたいわけではない。耳を傾けることは大切なことだが、それでも私は人の言葉を漫然と信じ、そのまま受け入れるといった態度は慎むべきだと考える。

誰もが同意するような社会通念がある場合、人はつい何も考えずに受け入れ、行動してしまう。しかし、「ちょっと待てよ」と落ち着かなくてはならないのだ。もし「空が青い」と皆が言うのであれば、少なくとも窓の外を自分の目で見てみよう。

ほとんどの人は、「あの人が『空は青い』と言うのだから、そうなのだろう」と思うだけで、決して自ら確かめようとはしない。だから失敗をしてしまう。たとえ空が実際に青かったとしても、そのことを自ら確かめようとする者は、そうではない者よりも成功できる可能性が圧倒的に高い。

一九七〇年頃の話をしよう。当時の原油は一バレルたったの三ドルで、誰も見向きもしなかった。皆が「原油に投資するなんて最低だ！」と言っている頃に、私は積極的に原油に投資をしたのだ。

周囲の人間は「気でも違ったのか？」と私を止めようとしたが、私は彼らの意見を聞き入れなかった。なぜなら自分自身ですべてを調べた上での決断だったのだから。そして、周りの人々は私の言葉を聞いても、実際に確かめようとはしなかった。

その後、原油は私の予測どおり高騰した。

当時の原油市場を私が調べた限り、原油の需要に対して供給がまったく追いついていなかった。だから価格が上がることは必然だったのだ。「需要が増えれば価格は上昇し、供給が増えれば価格は下落する」。そんな大学一年生の経済学の教科書に書いてあるような簡単な法則にしたがっただけで、私は大儲けできたというわけだ。もしあのときに人の話を受け入れ、原油を慌てて手放していればむしろ損をしていたことだろう。

一九八〇年頃も、私の常識に照らして「原油は上がる」との結論を導き出したが、世間一般の認識は「原油はダメだ」というものだった。このときも私の予想どおり原油価格は上昇した。その後、原油に否定的だった連中までもが「原油に投資しろ!」と言い始めた頃を見計らい、私は原油を売った。原油市場の過熱を感じ、値下がりすることが予想されたからだ。その結果、またしても大きな利益を得ることができた。

疑問を持とう。成功したいのであれば、最終判断をおこなうときには自分以外の誰の言うことも聞いてはならないのだ。

これまでの人生で、世間一般に流布されている見識や通念が実は間違っていたというケースを幾度も目の当たりにしてきた。私が成功することができたのは、皆が「素晴らしい投資先だ！」と口をそろえるような企業には投資をせず、見向きもされないようなものに投資をしてきたからにほかならない。

もし世の中の多くの人々が「株を買いたい」とか、「デイトレーダーになりたい」などと言っているときは、株式市場が過熱しているということの証左だ。そんなときに株を買っても、決して大儲けすることはできない。

自分できちんと事実関係を調べて判断をする姿勢が身についていなければ、たとえまぐれで成功することはあっても、決して長続きしないだろう。

たとえば、私がXという株を一〇の値段で買うように言い、あなたがそれを信じて株を買ったとしよう。その株が二〇に値上がりをしたのなら、あなたは一応儲かったような気になる。そんなときは、「ジム・ロジャーズの言うとおりだ」などとは決して言わず、自分がいかに利口かを周囲に言いふらすだろう。しかし、間もなくどうすべきか見当がつかなくなるはずだ。さらに買い増しをすべきか？　あるいは売るべきなのか？　そして誤った判断から儲けを失うことになる。自分自身の中に、その株を買った明確な理由がないのだから、このようなことになるのは当然だ。

では、私のアドバイスが外れた場合はどうだろうか？　たとえば一〇の値段で買うようにアドバイスした株が五に値下がりをした場合は。そうしたとき、損をしたと感じた人は「ジム・ロジャーズはアホだ」と言うのだろう。そして、結局はその株をどう扱ったらいいのかわからず、途方に暮れるほかない。なぜなら、その人は「ジム・ロジャーズはアホだ」ということは知っていても、株をどうすべきかを知らないのだから。

投資で勝つために私が心がけてきたことについて詳しくは次章でお伝えするが、「ジム・ロジャーズが言っている」というだけでは成功することはできないのだ。

人の言うことは聞かず、自分で考えなくてはならない。投資に限らず、このことをまずは覚えておいてもらいたい。

## 2 故郷にとどまるな

私は娘たちに「家からできるだけ離れた大学に行きなさい」と言い続けている。それが自分自身のことを知り、世界のことを知り、やがては故郷の本当の姿を教えてくれることになるからだ。

結婚をする前の若い頃は、少なくとも二年は自国を離れて自分自身や世界について学ぶべきと私は考える。故郷にとどまろうなどとは決して思うべきではない。

私はアラバマ州の田舎で育った。そしてずっと遠くに行きたいと願っていた。

今でも覚えているのだが、一六歳のときにガールフレンドに「他の場所に行ったことがない」と打ち明けると、彼女は「私はバーミンガムにもモービルにも行ったことがあるわよ」と答えた。それはいずれもアラバマ州の中の都市なのだが……。私が望んだのはそういうことではない。アラバマのことをいくら見ても意味がない。そう思っていた。

私の言葉に少しでも共感するのなら、外へ出て、誰も知り合いがいない、言葉も通じない国へ行ってみよう。冒険は人生を素晴らしいものにしてくれることを私は保証する。

「私は日本のことをよく知っているが、他の国のことはあまり知らない」と言う人がいる。そうした人は、実は日本を半分しか知らないのだ。本当の意味で日本を知るには、日本をいったん立ち去る必要があるのだから。

故郷を離れるのであれば、遠ければ遠いほど望ましい。ところが、前の章までと重なるが、残念ながら日本人は内向き志向だ。それはパスポートの取得件数にも表れている。統計によると、日本のパスポート保有率（二〇一七年）は二二・八％にとどまっているという。アメリカの同年のパスポート保有率が四二％であることを踏まえると、日本の低さがわかるのではないだろうか。しかも、日本のパスポートならビザなしで入国できる国の数が一八九ヵ国もあり、パスポートの自由度では韓国と並んで世界一である。実は日本人は世界で最も海外に出やすい環境が整っているにもかかわらず、まったく活かされていないというわけだ。

このような状況は何年もの間変わっていないが、歴史を振り返ると、かつては日本も確かに外向きの時代があった。だからこそ、日本人はあれほどの成功を収めたのだ。

日本では素晴らしいイタリア料理を食べることができるが、これは世界の料理に触れ、一流のイタリア料理が何たるかを学んだからこそではないか。もし日本人が今のまま内向き志向を続ければ、今後は日本でも二流のイタリア料理しか食べられなくなるかもしれない。そうなる前に、世界を見て一流のものを日本に取り入れよう。

今はパスポートを取ることも、ビザを取ることも昔より簡単にできる。自国から出るのに必ずしもお金は必要ない。留学はもちろん、バックパック、ヒッチハイク、外国で仕事を見つける……。さまざまな方法がある。私のように車やバイクで世界一周をしろとは言わない。せめて住み慣れた場所を離れ、見知らぬ土地に身を置いてみよう。

そこで、成功につながる機会を見つけられるかもしれないのだから。

### ③結婚・出産を急ぐな

かつての私は、「子どもなど絶対につくらない」と考えていた。

五人兄弟の長男として育った私は、弟たちの世話がとても大変で、大人になったら絶対に子育てなどという余計な苦労を抱えたくないと思っていたのだ。

子育てにはたくさんのお金と時間とエネルギーがかかる。だから、以前の私は子どものいる人たちのことを、とても気の毒に思っていた。何と愚かなことを、人生を台無しにしている、と。

今は自分が間違っていたことがわかる。完全な間違いだった。二人の娘は本当に可愛く、二四時間一緒にいたいと思っている。娘たちを授かってから幸福感は高まり、人生の喜びを感じ、涙する機会も圧倒的に増えた。子どもが生まれると人生が変わる、と多くの人が言う。若い頃にはとても信じられなかったが、今はその言葉が真実であることを知っている。

しかし、若いうちから結婚や出産といったものに関わることには反対だ。私の娘たちにも、「二八歳までは結婚してはいけない」と何度も言ってきた。「もしその前に結婚したいというのなら、ちょうどいい年齢まで部屋に閉じ込めるぞ」と。

ほとんどの人間は二三歳のときには何も知らないものだ。自分自身についても、そして世界についても。自分がどのような人生を歩み、どんなパートナーを望むのかも、なかなか理解することができないだろう。物事がわかるようになるまで結婚を待つことは、人生で成功を得るうえで重要なことだ。

もっとも、私自身、結婚に関しては手痛い失敗を経験している。二〇代のときに経験した最初の結婚は大失敗で、自殺を考えたくらいだ。やはり、自分のことを何も知らない若者にとって、結婚は悲劇となり得る。

私が人生で初めて子どもを授かったのは六〇歳を過ぎてからだった。もし私が三〇歳の頃に子どもがいたとしたら、子どもにとっても、子どもの母親にとっても、そして私自身にとっても、ひどいことになっていたことだろう。

## 4 自分の能力を過信するな

自分の力を過信すると、それまでに築いた富も成功もあっという間に崩れてしまう。だからこそ、何歳になっても懸命に学び続けなくてはならない。学べば学ぶほど、自分が知っていることがいかに少ないかが見えてくる。そうすれば、おごり高ぶったりせずに済むだろうから。

投資で成功をしたときには、自分が利口であると考えたくなるものだ。自分が投資の天才のような気がしてくる。投資に限らず、何かに成功したときというのは、人は安易にそのように考えてしまうらしい。

誰しも投資がうまくいき始めると、さらに有利な投資先を考えたくなってしまう。「前回はうまくやれたのだから、次はもっとうまくいく」と考えてしまうのだ。

そんな気持ちになったら、私はビーチにでも行ってのんびりと過ごすことをお勧めする。興奮し思い上がっているときには、誤った選択をしがちだ。もし見込みのある新しい投資商品を見つけたとしても、すぐに飛びつくのではなく、心を落ち着かせて待ってほしい。ビジネスもあれこれ手を出すのではなく、冷静な思考のもとで判断をすべきだ。

私がこうした考えに至った理由は、過去の失敗から得た教訓にある。

アフリカ南西部のナミビアを旅していたとき、妻のために美しいダイヤモンドを買った。ダイヤモンドの相場は把握していたため、七万ドルの価値はあると踏んだのだが、なんと五〇〇ドルまで値切ることができたのだ。

あのときの私は、「やった、大成功だ！　ダイヤモンドの投資でも、私はうまくやった」と小躍りしたものだが、しばらくしてタンザニアでダイヤモンド商人に見せると、「これはガラス玉だよ」と笑われてしまった。私は五〇〇ドルも出してガラス玉を摑まされたというわけだ。

私は、ダイヤモンドの値段はよく知っていたが、それが本物かどうかの区別さえつかない素人だったのだ。人には「自分がよくわかっているものに投資しろ」と言っていたくせに、何たるざまだ。

ただ、今ではあの高いガラス玉が本物でなくてよかったとも思っている。五〇〇ドルは失ったが、お金よりも大事なことを学んだのだから。つまり、何もしないことが正しい場合が時としてあるということだ。

私が知る類いまれな成功を収めた投資家たちも、実は大半の時間を何もせずに過ごしている。いったん投資をしたら、一〇年間は何もしない。ただ世の中の変化を見守るだけだ。そして感情にとらわれず、適切なタイミングを見極めて腰を上げる。

何かに成功することは喜ばしいことだ。その喜びを感じるな、と言いたいわけではない。ただ、その成功はたまたま得られたものかもしれないし、実は成功でも何でもなかったということもあり得る。

だから、成功の喜びを感じるときには、それが自分の能力によるものと安易に考えないことだ。つねに謙虚でいることは、成功者が共通して備える資質なのだから。

## 5 情熱を無視するな

成功するためにまず大事にすべきことを聞かれれば、私は「自分の一番好きなことをすること」と答えている。

私は投資が好きだったから、そして世界中で何が起きているのかを隅から隅まで調べるのが好きだったから、多少なりとも投資家として成功することができた。

三七歳でリタイアをする前は、一日一五時間働き、一分たりとも時間を無駄にできないほど忙しかったのだが、それでもとにかく前進し続けることができたのは、好きなことをしていたからにほかならない。

お金持ちになるために最も大切な資質は情熱だ。これさえあれば、何歳になっても必ず突破口は見つかる。どんなことであっても情熱を失わずに続ければ、やがて多くの利益を得ることができるだろう。

しかし、ほとんどの人は自分が心から夢中になれることを見つけられずにいる。親や教師、友人に言われたことをおこない、情熱に耳を傾けることもない。成功を望むのであれば、まずはこうした態度を改める必要がある。

自分のやりたいことを見つける絶対的なハウツーはないが、たとえば何気なく手に取る雑誌がヒントになるかもしれない。野球の雑誌ではなく、自動車の雑誌を読むのであれば、それがスタート地点になるのだ。最初はほんの些細なことかもしれない。でもそこに情熱を傾けていれば、やがて具体的な夢となって人生を切り開いてくれる。

ただ、幸運なことに好きなことを見つけられたとしても、確信が持てずに諦めてしまう人は少なくない。好きなことを続けても儲からないような錯覚に陥ってしまうからだ。本当は、好きでないことをがむしゃらにやっても、決して大成功はできないのだが。

たとえばあなたがオックスフォード大学に入ったのに「園芸家になりたい」と言いだしたのなら、両親は「冗談じゃない」と言うことだろう。教師や友人も呆れるだろうが、ここで負けてはいけない。

園芸家として名を上げれば、もしかすると皇居の園庭を担当するかもしれないし、園芸用品店の全国チェーンを展開して上場するかもしれない。実際、こうした大成功を収めているのは情熱を捨てずに生きた人たちなのだ。情熱に従って行動すれば、人とは異なる視点を養うことができる。これは人生で成功するために欠かせないものだ。

それでも周囲からの反対が怖いと思うだろうか？　大丈夫だ。周りの人間は根拠なく好き勝手にあなたに意見しているだけなのだ。もしあなたが園芸家として成功すれば、反対していた両親は、「お父さんたちにはこうなることがわかっていたよ」と言うだろう。教師は「学校の教育のおかげで成功できたのだから、学校に寄付をしてくれないか」と言ってくるかもしれない。他人の意見とはそんなものだ。

私がウォール街で働き始めたときも、オックスフォードで教わった教授から、「なぜ株になど興味があるのかね？」と聞かれたものだ。当時の金融業界は停滞して人が寄り付かない場所だったから、いかにも愚かな判断だと思われたのだろう。

若い頃の私は、つねに情熱に従って行動していたわけではない。多くの人と同じく混乱していた。今では考えられないが、当時はロースクールやビジネススクールに行くつもりだったのだ。なぜなら成功を望む誰もがそういう進路に進み、弁護士のようなキャリアを望んでいたからだ。

しかし、ありがたいことに私はロースクールに行く前に自分のやりたいことを見つけることができた。そして周囲の意見を聞かず、自分の情熱に従うだけの賢さもあった。だから今、私は幸せな人生を歩むことができている。

あのときもしロースクールに行っていたら、ニューヨークで弁護士をしていたと思うが、決して幸せではなかっただろうし、成功とはほど遠い人生を送っていたことだろう。

## ⑥お金のことを気にするな

人々が情熱を持てない仕事を続ける大きな原因は、「好きなことばかりしていては、お金にならない」という思い込みにある。しかし、あなたが好きな仕事を選び、きちんと仕事ができるのであれば、やがてお金は手元に入ってくることを私が保証する。あなたが適切な場所にいるならば、お金は必ずあなたを見つけるだろう。

お金は後からついてくるものだ。五の報酬で自分がやりたい仕事をするのか、一〇の報酬でやりたくない仕事をするのか――。そうした選択肢があれば、迷うことなく五の仕事を選ぶことを勧める。

仕事を選ぶとき、私ならサラリーを気にしない。求職するときに「サラリーがいくらか」を気にしていると、大切なことを見失ってしまうし、やりたくもない仕事を毎日続けるという耐え難い現実を受け入れなくてはならなくなる。

それに、お金が十分に入ってこないときがあったとしても、情熱を燃やすことができれば、それは幸せなことではないだろうか。私も、たとえお金をもらわなくたって、歴史や世界中の出来事を調べることには情熱を燃やし続けたと思う。

あなたの周りに、そういう人はいないだろうか？　経済的にはあまり成功していないが、幸せで人生に満足している人が。彼らはお金には代えられない喜びを得ているのだ。情熱を見つけ、情熱のままに働くことができれば、毎日起きてから寝るまで幸せな時間を過ごし、楽しみながら成功に近づくことができる。それは素晴らしい人生を歩むためには最も大切なことだ。

お金などに目もくれず情熱に従って行動をしていると、周りからは変わり者と思われるかもしれない。そのことが気になって、行動に移せない人もいるだろうが、人から何と言われてもいいではないか。

私は、娘たちには変わり者になってもらいたいと常々思っている。既成概念にとらわれず、自分の頭で考える変わり者こそが、世の中に良い変化を起こすからだ。スティーブ・ジョブズなど、世界に変革を起こし大成功を収めてきた変わり者は、過去にいくらでも存在したし、今も多くの変わり者が世界に変革をもたらしている。

周りから「バカじゃないか」と言われるのはとてもいいことだと考えよう。「私はバカですよ」と答えておけばいいのだ。そうすれば、バカなことだと思って誰も目を向けない場所から成功を摑み取ることができるだろう。

### 7 子どもの情熱も尊重せよ

長女のハッピーが二歳を過ぎた頃、私は彼女をサッカー教室に通わせようとした。サッカー選手にしたいと思ったわけではないが、サッカーについて知ることに意味があると考えたからだ。ところが彼女は初日に教室から逃げ出した。私はハッピーにサッカーを学ばせることを諦めた。

ハッピーの妹は男の子よりもサッカーが得意だったため、やはりサッカー教室に通わせようとしたが、彼女も別にサッカーを好きではなかったようだ。結局彼女もサッカー教室をやめることになった。

今なら、私が間違えていたことがわかる。成功するためには情熱が必要と理解しているにもかかわらず、子どもの情熱を尊重していなかったのだ。

子どもの成長を望むのであれば、親が子どもの道を決めるのではなく、子どもが情熱を見つけられるように後押しをすべきだった。読書が好きなら好きな本を買ってあげればいいし、サッカーをやりたいと言いだせば、そのときにサッカーをやらせればいいのだ。だから私は娘たちに投資の方法などを教えてはいない。彼女たちが投資に興味を持ち、私に聞いてくればそのときには快く教えたいと考えている。

今、私の娘が情熱を抱いているのは化粧品だ。私の価値観から言えば、化粧に情熱を持つなど考えることもできない。しかし、それでも私は自分の価値観を娘に押し付けることはもうしない。今は娘に化粧を許可し、本人がやりたいようにやらせている。

彼女の情熱が、将来どのような形で花開くのかはわからない。もしかすると世界的な化粧品の専門家になるのかもしれないし、そうではないかもしれない。化粧品の投資家として成功する可能性もあるが、新たに別の情熱を見つける可能性もあるだろう。

まあ、どうなるのかはわからないが、親としてはせめて一〇代の情熱の炎が消えないように励まし、そして後押ししたいと思っている。

いずれ、娘が自分の夢を見つけることができたら、あとはひたすら努力することを望む。幸運は懸命に働く人に訪れるものだからだ。成功を望むのであれば決して怠けてはいけない。もっとも、本当に情熱を感じることであれば、放っておいても一所懸命働くことができるはずだ。

## 8 お金について学ぶことを怠るな

お金のことを気にするなと先に述べたが、一〇代の若者がお金や仕事について学んでおくことは重要だ。一切知らないまま二三歳を迎え、慌てて学ぼうとする人もいるが、これでは遅すぎる。

お金の基本を理解していないせいで、多くの人生が破壊されてきた。世間の人々は、お金をただ単に使うものと思っている。だからこそ無駄遣いから借金を作ったり、生活費の不足から結婚が破綻したりといった問題が起きている。行き当たりばったりでお金を使い、家計の破綻を起こす家庭が何と多いことか……。

日用品や食べ物のことで親が喧嘩ばかりしていると、その不安は子どもに伝わってしまうだろう。せめて安全な生活を保証するくらいの最低限のお金は、やはり必要だ。

お金は貯めるものであり、使うものではない。娘たちにはこうした考え方を育みながら成長してもらいたいと考え、彼女たちが生まれてすぐにブタの貯金箱を六つ買い与えた。そして、そこにアメリカドルやシンガポールドルなど、通貨ごとに貯金させている。私は娘を通貨投機家にしたいわけではないが、異なる種類の通貨があることや、貯金をすべきというシンプルなことを知ってもらうために、このようなことをおこなっているのだ。

長女のハッピーが二歳の頃、日本のテレビ局が取材に来たことがある。そのとき、ハッピーが自分の貯金箱にお金を入れているところを取材班は撮影していた。その姿を見て、私は本当に嬉しく思ったものだ。

お金をもらうとすぐに買い物をしたくなるのが子ども心だが、貯金をする意味を伝えると、小さな子でもきちんと理解できる。ハッピーもそうだった。

あるとき、彼女が妹よりも持っているお金が少ないことに気づいた。私はその理由を知っていた。どうしても欲しかったバービー人形を買ったということを。そのことを、私はハッピーに説明した。「バービー人形を買ったから、お金が少なくなったんだよ」と。

何かを買うと、お金は失われる。当たり前のことだが、頭ではわかっていても、人は無意識にお金を使ってしまうものだ。ハッピーは自らの経験を通して、お金がなくなるという事実の痛みを体感したことで、より慎重にお金を使うようになった。とても大切な教訓を得たわけだ。

お金を得るためには働かなくてはならない、ということも理解させておく必要がある。私は娘にお小遣いなどは与えず、ベッドメーキングなどの仕事をしたときに報酬を渡すようにしている。これもひとつのレッスンだ。

ブタの貯金箱がいっぱいになったら、大きな銀行で数えてもらい娘の口座に入金させている。銀行に預けると取引明細書が発行されるようになるので、それを見ながら私は利息について教えた。だから娘たちは世の中には利息というものがあり、預けていれば複利でお金が増えることも理解している。今は世界中、銀行に預けていても大した利息はつかないが、それでも銀行に預けることはいいことだと認識させることは大切だ。

娘も今は外で働ける年齢になった。私はハッピーが一四歳のときに、仕事を見つけるように彼女に伝えた。もう家の手伝いで報酬をもらうのではなく、外に出て仕事を見つける経験をしてもらいたかったからだ。

私自身、アメリカの片田舎に住む貧乏な少年だったが、田舎を飛び出して自由を手にするために若いときから仕事をしていた。五歳のときには、野球場で空き瓶を回収したり、少年野球の試合でピーナッツを売って歩いたりしていたものだ。

仕事をするには、まず条件の合う仕事を探す必要がある。仕事が見つかったのなら、時間どおりに職場に行って指示通りに仕事をしなくてはならない。そうしたことを、どんな仕事をしたとしても学ぶことができる。お金を稼ぐということは、決して簡単なことではない。そのことを知るためにも、娘たちには仕事をしてもらいたいと私は考えた。

ハッピーに仕事を探すように言った私は、彼女がマクドナルドで時給八ドル程度の仕事を見つけてくると踏んでいた。ところが彼女は中国語を教える時給二五ドルの仕事を見つけ、今は時給三〇ドルを稼いでいる。娘は私が思ったよりもずっと賢かったようだ。

娘たちは、ジム・ロジャーズの娘ということで甘やかされているように思われるが、私はそうはしたくない。私の遺産についても、まだどうするか明確に決めてはいないが、あまり多くを家族に遺すべきではないと考えている。少なくとも四〇歳になるまでは二人の子どもたちは遺産には手をつけられないようにするつもりだ。

娘たちには、自分自身の足で人生を歩んでもらいたい。だからこそ、私は生きているうちに娘たちに、お金や仕事について教えている。

## 9 何のために稼ぐのかを忘れるな

前項において、必要最低限のお金を稼ぐ意義について触れた。それでは、安心して生活できるようになっても、まだ稼ぐ必要があると思うだろうか？　これは人それぞれ答えが異なる。

私にとってお金とは〝自由〟だ。私は物を買うためにお金が欲しかったわけではない。ただ自分が望むときに、自分が望むことができるようになるために、お金を稼いできたのだ。

私は、一度の人生で人が体験するよりも、多くのことを体験したいと思った。冒険をしたいと。私はいつか人生を振り返って、ああ素晴らしい時間を過ごした、すごく楽しかったと思いたいから、そのためにお金を稼いできたのだ。

だから、私はいくら金持ちになっても、自動車や家、飛行機、船といったものを欲しいと思うことがなかった。いわゆる華美な暮らしにはまったく興味がなく、長い間自家用車も持っていなかったし、娘たちの学校の送り迎えにも自転車を使ってきた。ショッピング自体、さして好きではない。

幸福とお金の関係を考えるときに思い出すのが、世界旅行のときに見た、シベリアやアフリカの子どもたちが壊れた車輪を使ってとても楽しそうに遊んでいた光景だ。あの子たちは何も持っていなかったが、自分が持っていないことを知らず、気にもしていなかった。

その一方で、金持ちでも不幸な人はいくらでもいる。それは働き詰めだからかもしれないし、情熱を見つけられていないからなのかもしれない。日本人の中にも、そうした人は少なくないだろう。

もし、あなたがお金を稼いでいるのに、幸福を感じられていないのであれば、何かを間違えている。そうした人は、私のようにリタイアをしてバイクで世界一周旅行をすれば、もしかすると今よりずっと幸せになれるかもしれない。いくばくかのお金が減ったとしても。

自分が幸せでさえいれば、仕事を続けたってもちろん構わない。ウォーレン・バフェットは明晰で立派な人物だが、あれだけ稼いでもまだ仕事を続けているではないか。彼は自らの幸福のために、日々投資家として手腕を振るっているのだ。ジョージ・ソロスもそうなのかもしれない。もっとも、彼とはもう四〇年も会っていないから、彼について語るのは最初の妻について語るようなものなのだが……。

一時期、私の下で働いていた年上の男性は、一〇四歳になっても毎日オフィスに通勤していた。彼は、実際は超大金持ちだったのだが、最後まで仕事をしながら亡くなった。このことについて、「お金持ちなんだから、リタイアすればいいのに」と考えるのは見当違いだ。彼は自分が大好きなことをしていたのだから。

幸福を手にしたければ、自分の思い通りのやり方を選ばなくてはならない。これが結論だ。

私がバイクで世界一周旅行をしていた頃、周りの人からは「大金持ちなんだから、飛行機で回ればいいじゃないか」「殺されるかもしれないぞ」とよく言われたものだ。だが、私は「飛行機ではダメだ」と答えた。

私は、バイクで世界一周することをまったく恐れていなかった。殺される可能性があることは十分に認識していたが、たとえ殺されたとしても、私は自分のやりたいことをしながら死ぬのだから構わないと思っていたのだ。

もしニューヨークでバスに轢《ひ》かれたり、オフィスのパソコンの前で死んだりしたら、私にとっては不幸せなことだが、思い通り生きてから死ぬのは、決して不幸なことではないと私は思う。

自分自身にとって幸福な生き方をすることこそが、成功にほかならない。このことを忘れずに、生きていきたいものだ。

# 第五章　これからの時代に勝つ投資

## 安く買って、高く売る

本書もついに最後の章になった。ここでは投資家としての私が、どういった考えのもとで投資をしてきたかを明らかにしたい。前章と同様に、「こうすれば必ず勝てる」というメソッドは存在しないが、それでも意識しておきたいことは少なくない。

投資家としての私の基本的な戦略から説明しよう。それは、「安く買って、高く売る」というものだ。

そんなことはわかりきっている、と思われるだろうか。しかし、ほとんどの投資家は強気（ブル）相場ばかりに目を向け、弱気（ベア）相場は気にもかけない。

私は逆だ。「どこがベアか」という目でつねに投資対象を探っている。人々が過熱するブルマーケットに夢中なときに、そうした人々が目を向けない割安なものを探すのだ。

誰も買わないし、街のカフェやバーで誰も話題にしない。そのようなものの中に、将来暴騰する有望なものがときどき見つかる。株を買うときは、誰もが絶望に打ちのめされ、「株の話などもうごめんだ。聞きたくもない」などと口にしているときがいい。こうしたときの株式市場は底であり、上がるのを待つだけで勝てるものだ。

これまでに私は信じられないくらい安く株や商品に投資をしてきた。一例を挙げると、一九七三年に私はジョージ・ソロスとヘッジファンドを共同設立し、一〇年足らずの間に四二〇〇パーセントものリターンを叩き出した。これは人が目もくれない商品に投資をしてきたから達成できたことである。

このような話をすると、多くの人々は、安い商品が話題になり、値が上がった後になって買おうとする。私の母からも「この商品を買ってほしい」という電話がときどきあったものだ。理由を尋ねると「値段が三倍になったから」と言う。そうしたとき私は「ダメだよ母さん！　三倍になる前に買わなくちゃ」と答えたものだ。時には三倍になった商品が、その後一〇倍になるケースはあるが、めったに見つけられるものではない。それよりは、誰も知らないものが三倍になるのを待つほうが合理的だ。

たとえばアップルについて今から投資をしたとしても、大きく儲けることはできないだろう。アップルに投資をして大儲けすることができたのは、彼らのテクノロジーをほとんど誰も知らない頃から、その未来にワクワクしていた人たちなのだ。

安く買うことのメリットは、たとえ予想が外れていたとしても大損をすることはない点にもある。今、政情不安が続くベネズエラに投資をするのであれば、おそらく一文無しになるほどの損害を受けることはない。すでに悲惨な状態で、相当安くなっているのだから。

安いものを見つけることは誰にでもできる。たとえば私たちは北朝鮮の財が安いということを知っている。どれくらい安く、どれくらいの期間安いままでいるのかはわからないまでも、それが安いということは感覚的に理解できるはずだ。

安い株式や商品を見つけた場合、次に考えるべきは、その将来性だ。永久に安いままで、何の価値も生じないものもないわけではないからだ。そうしたものはただの紙切れになってしまう。

将来性を測るには、大きな視点で変化を掴まなくてはならない。そこで探るべきものが変化の〝触媒〟だ。本書ではすでに触媒から変化を探ることができることを説明したが、投資家としては、割安株が暴騰するような触媒を探すことが重要だ。北朝鮮であれば金正恩の存在が触媒になるだろうし、ロシアのプーチンによる極東開発もそうだろう。

一般の人々が、そうした変化にいつ気がつくのかを予測することも同じくらい重要なことである。世の中の人々が変化を認識し、行動を起こすからこそ商品の価値は変動するのだから。

私は変化に気づくのが人より早すぎるようだが、数年以内に他の人々にも認識されるような好ましい変化を見つけることができれば、非常に面白いことになる。

たとえば、アフリカにはいくつか刺激的になりそうな国がある。私の考えでは、エチオピア、アンゴラ、そしてジンバブエだ。ジンバブエはハイパーインフレを起こし、二〇一五年にジンバブエドルが廃止された。今に至るまで通貨が機能不全に陥っており現状は非常に悲惨な状況にあるが、今のうちに投資をしておけば、五年あるいは一〇年後には、非常に満足のゆく結果を得ることができるだろう。

**価値があると「知っていた」から投資で勝てた**

ビジネススクールで教授をしていた頃、学生は決まって簡単な答えを欲しがった。

学生たちは私に「答えは教科書の二六ページにある」と言ってほしかったようだが、現実はそのような簡単なものではない。もっとも、学校では本を読んで答えを見つけるのが普通だから、学生がそう思うのも無理はないのだが。

お金持ちのことが書かれた記事を見て、誰もが「それなら自分にもできる」と言う。たしかに記事ではとても簡単に稼いだように見える。しかし、聞いたら誰もが利益を得られるような耳寄り情報など存在しないし、信じると痛い目にあう、というのが私の意見だ。

私自身、簡単に答えを見つけられればと思うのだが、経験から言える結論は、「手間を省くことはできない」ということだ。たくさんリサーチをして、思考し、研究をしなくてはならない。その会社の人たちは賢いのか、誠実なのか、競争は激しいのか、多額の負債はないか——。そういった点を徹底的に調べるのだ。

細部に注意を払えるかどうかが成功と失敗を分ける。だから、どんなに些細なことに見えても、小石をひとつずつひっくり返すようにして調べないといけない。大半の人が成功できないのは、限られた範囲の不十分な調査しかしないからだ。徹底的に調べることは大変な労力を要するものだが、そのステップこそが他者との差をつける。

株に投資をするときには、私はすべての財務諸表に目を通し、細かい注意書きも見落とさない。経営側が発表した財務諸表や見通しに関しては、すべて裏を取る。「その会社のことはウォール街にいる九八パーセントのアナリストよりも知っている」と言えるようになるまでは投資をすることはない。

なぜそこまでリサーチを重視するのか。それは「価値があると思う」というだけでは投資をすべきではないからだ。「価値があることを知っている」と言えるまでは、何もしてはいけない。私は先んじて中国に投資をしてきたが、それは中国に価値があると〝思って〟いたのではなく、〝知って〟いたから、勝つことができたのだ。

こうしたリサーチを面倒に感じるのであれば、こう考えるといい。「もし生涯二〇回しか投資のチャンスを与えられないとしたら、どうするだろうか」と。二〇回しかチャンスがないのであれば、めったなことでは投資に手を出さないはずだ。慎重にリサーチをおこなう気にもなるだろう。

## よく知らないものに分散投資してはいけない

繰り返すが、投資家として成功を収める唯一の方法は、自分自身がよく知っているものに投資をすることだ。人間誰しも、熟知している分野なり事柄があるだろう。スポーツ、ファッション、車、なんでもいい。それこそが投資すべき分野なのだ。

前の章で〝情熱〟の大切さに触れたが、これは投資にも当然当てはまる。

もしファッションが好きなのであれば、毎日のようにファッションに関する情報を仕入れて、今ファッション業界で起きていることも他の人より知っているだろう。これらの情報を武器に投資の機会を探るのだ。

株式であれ債券であれ、あなたがどんな知識を持っているかによって投資すべき商品は変わる。株式が何たるかを知らずに株式を持つべきではないし、債券の仕組みを理解せずに債券に投資をしてはならない。もし、不動産が大好きで、いつも見て回っているような人であれば、全資産を不動産に投入しよう。そうした人が「分散投資にするとリスクが低い」という言葉を信じて、詳しくない株式にも投資をするのは間違いだ。

ちなみに、「投資は分散すべき」という言葉が投資の常識として語られるが、分散したら大金を手にすることはできない。一九七〇年に一次産品に投資し、一九八〇年にそれを売って日本株を買う。そして一九九〇年に日本株からテクノロジー関連株に買い換えて、二〇〇〇年に売ったのなら、あなたは今頃大富豪だ。これとは逆に、もしあらゆる株式や商品に分散投資をしていたら、まったく儲からなかっただろう。

よくわからないことを、わからないままにしていては成功からは程遠い。よくわからないものに投資すべきではないし、リサーチや考えることが面倒だと思うのであれば、最初から投資などしないほうがいい。

偉大な将軍であるナポレオン・ボナパルトに、若い軍人がこんな質問をしたという。「閣下のような司令官になるために、何をすべきでしょうか？」と。それにナポレオンは「つねに腸と膀胱を空にしておくように」と答えたという。

若い軍人はショックを受けたようだが、これは真理だ。戦場にいたら、トイレに行くことはできない。腸と膀胱を空にしておけば、周りの軍人よりも優位に立つことができる。

これは投資家にも言えることだ。投資家として勝つには、何より準備が大切だ。つねに自分が得意とする分野のリサーチをしておこう。そうすれば、しかるべきタイミングで投資をおこない、大儲けすることができる。

## 情報源は今も新聞と年次報告書

私はテレビを持っていない。私にとっては時間の無駄であり、なぜみんながテレビを見るのかもわからない。

日々の情報源にしているのは新聞だ。古くから「フィナンシャル・タイムズ」を愛読しており、その他に「ザ・ストレーツ・タイムズ」という新聞と、「ザ・ビジネス・タイムズ」というシンガポールの経済紙を愛読している。紙面で必ずチェックするのは中央銀行と金利の動き、通貨や商品市場の動きに関するニュースだ。

以前は複数のアメリカ紙に加え、英国やカナダ、日本など五ヵ国の新聞を読んでいた。ニューヨークに住んでいた頃は、「ジャパン・タイムズ」もよく読んでいたが、今は絞っている。インターネットが台頭してきたからだ。今はネットで世界中のニュースを読むことができるため非常に便利だ。とくに外国の動きについては、ネットのほうが早く簡単に情報を手に入れることができる。

読む新聞の数が減ったのは、記者の数が減って新聞自体が先細りをしていることも理由に挙げられる。

私は、イギリスの新聞は他の国の新聞よりもはるかに優れていると長年にわたり思っていた。かつて世界で最も国際的であったイギリスは、世界中に記者を派遣して記事を書かせていたから、私はイギリスの新聞を読むことで国際的な見解を持つことができたのだ。とりわけ「フィナンシャル・タイムズ」は、私の知るどの新聞よりも世界について理解していた。

現在のフィナンシャル・タイムズは日本経済新聞社に買収され、このこと自体が記事の質に変化を及ぼしたとは考えていないが、新聞という情報源自体が先細りの一途であることは認識している。

話を戻そう。これは『世界的な大富豪が人生で大切にしてきたこと60』でも記したことだが、投資先として気になる企業があれば、その企業の年次報告書に目を通す。まず見る数値は「利益率」だ。利益率は企業の競争力を探る目安となる。

過去からの利益率の推移を見て、変動が激しく、現状の利益率が低い状況にあれば投資を検討する。そうした企業の利益率は一時的に落ちているに過ぎないため、やがて利益率が上がり株価が上昇すると見込めるからだ。

利益率が高いにもかかわらず借金を多く抱えている企業を見つければ、株価が下がることを予測し、空売りをすることもある。このときに参考にするのは、自己資本に対する負債の比率を示す「負債資本比率」だ。

利益率が同じ程度の複数の会社で迷うときは「株主（自己）資本利益率」を比較する。この数値が示すのは株主資本に対する当期純利益の割合だ。株主から見たリターンを把握することができるため、当然高いほうを選ぶ。

業界誌が投資の判断に役立つことも実は少なくない。業界誌を読めば、競合製品についての情報や、関連する市場に起きている変化を把握することができるだろう。ここから将来を予測して投資の判断をするのだ。その業界で働くＣＥＯたちが必ず読むような情報源にはぜひともアクセスしておきたい。

もし投資のターゲットをファッション分野に定めるのであれば、ファッションに関連する業界誌を読み、服を作る素材に何が起きているかを把握しておこう。綿やウール、皮革といった素材の価格動向はもちろん、それらの素材に代わる新素材の動向も見ておく。ここまでリサーチをする投資家は多くはないかもしれないが、私からすれば最低限必要なことだ。

国や地域に注目して投資をするのであれば、実際に街に出て人々の暮らしぶりを観察しておきたい。私がこれまで世界を旅してきた経験は、投資の判断に少なからず役に立ってきた。今でもなお、私は観察眼を磨きたいと考えている。

旅をしていれば、美しい建物や流行している現象が目に入ることがある。そのとき、「すごい」と感嘆して終わらせずに、できるだけその背景を深く調べるようにしてきた。「これは面白い現象だが、次にどんな変化が起きるのだろう」と投資家として考えるのだ。

街を歩く人の服装を見て、「このファッションは流行する」とピンときたのであれば、チャンスだ。「この服は誰がつくっているのか」「どういうプロセスでつくられているのか」「どういった関連業界に影響が出るのだろう」といったことを調べるのだ。

そうすることで、業界の先行きがストーリーとして見えるようになってくる。今は安くても、値上がりするストーリーが見えたなら、タイミングを逃さず投資をしよう。

## 情報を疑う

情報を広く取り入れる一方で、自分の頭で考えることもおろそかにしてはいけない。

新聞の報道が間違えていることも時にはある。ジャーナリズムが大衆をミスリードする場面は世界中で見られ、かつてアメリカでも「イラクは大量破壊兵器を隠している」と報道されていたが、それが誤っていたことは周知の事実だ。

たとえ新聞に書いてあったとしても、他の人の言っている嘘や思い込みをジャーナリストがそのまま使っていることもあるから、報道の裏を取るべきだし、私はそうするようにつねに努めてきた。

ニュースやインターネットなどの記事を読むときには、「本当は何が起きているのか」という視点で読むようにしている。そしてメディアの報道に疑問があれば、可能な限りの資料を取り寄せ、それを調べるために世界中に出かける。

世間の人々は、政府などの権威やニュースの言葉に疑問を呈することがめったにない。

二一世紀になって情報は溢れかえっており確認する術はいくらでもあるにもかかわらず、

接する情報の真偽を自分で確認する人の少なさには驚かされる。

私がいつからこのような考えになったのかははっきりとしないが、おそらく若い頃のベトナム戦争から大きな影響を受けたのだと思う。当時の経験から、どんな政府であっても、その言葉には疑問を持つべきだと若い時期に学んだ。この考え方は、今も投資家としての私を守ってくれている。いかにその国の政府が好調ぶりをアピールしていても、現地に行き、そこに暮らす人々の姿を見ていると嘘が見えてくるものだ。

たとえばその国の信用を測りたいときには、私はブラックマーケットの存在を調べる。もしブラックマーケットの存在が大きいなら、その国は何か問題を抱えていると考えて間違いない。公定レートと闇レートの乖離《かいり》は、問題の深刻さの指標だ。一九八〇年代後半の中国では、ブラックマーケットでドルを交換すると五〇パーセントものプレミアムがついていたが、二〇〇〇年には一〇パーセント程度に下がった。これは中国がよい方向に進んできた証拠だ。

一九九八年、アメリカ政府は、物価は上がらないと強調していたが、私は「商品の時代」が来ることがわかっていた。もちろん綿密に調査し、長い商品市況の低迷の末に商品供給が絞られすぎていると知ったうえでの結論だった。

そんな折、女性記者から「今、個人投資家にとって何が投資先として有望ですか?」と聞かれたことを覚えている。

私はテーブルの砂糖を彼女に差し出し、彼女に「これが素晴らしい投資先だ。持って帰ってごらん」と答えた。彼女は「そんなバカな」と言いたげな顔だったが、そのときの砂糖の価格は一ポンド五・五セントだったのだ。

砂糖は、一九六六年の一・四セントから一九七四年の六六・五セントまで四五倍以上も高騰し、間もなく暴落した。その後、いったん一九八〇年代に上昇相場を経たものの、一九九八年当時はまたしても相場は下落が続いていた。業界団体であるアメリカ砂糖連合会によれば、一九九六年以降、砂糖処理工場の三分の一が閉鎖されるまでの状況に陥っていたのだ。

しかし、こういうときこそチャンスである。私が一九九八年に投資をした砂糖は、その後二〇一〇年頃まで上昇相場を続けた。

社会通念や慣習から「絶対にそうだ」と考えられていたことが間違っていたというケー

スを目にしたときは、そのときに何が起きたのか、そして多数意見に従わなかった人々が何を考えたのかをしっかり調べ、考えてみよう。バブルを後から振り返ってみるのもいい。なぜ多くの人々が流され、損失を被ったのかを考え、逆に利益を得た人がなぜそうできたのかを考えてみるのだ。

何かで成功したければ、誰もやっていないことをいち早く始めるべきだ。そのためには、自ら情報の裏を取り、真実を見極めなくてはならない。そして、自らにとって都合の良い情報だけを信じるのはとても危険だということも理解しておこう。

## 「安全」という言葉を信じない

私が投資家として講演をすると、「それは確実に儲かる投資ですか？」という質問が出てくる。そうしたとき、私はいつも「わからないよ」と答えるようにしてきた。

世の中の人々は、安全な投資先を探している。リスクがなく、確実に儲けることのできる投資先を。

しかし、世の中に安全な投資というものは存在しない。

もし確実に儲かることが約束されているのならば、すべての人がそうしているはずだろう。真っ当な投資家にとっては常識だが、すべては自己責任なのだ。

投資の世界においては、「安全」という言葉を決して使ってはならないという教訓は、アイスランドで起きたことから得ることができる。二〇〇七年のアイスランドでは、銀行預金に一五パーセントという高い利息がついていた。「銀行に預けておけば安全だ」「確実に儲かる」と多くの人々が銀行にあり金すべてを預けたが、やがてアイスランドの銀行は破綻してしまったのだ。そうして、誰もが大金を失った。

私の母親の世代は、婚約したらまず宝飾店に行ってシルバーのカトラリーを買っていた。何か経済的な問題が生じれば、このカトラリーを売るつもりで。これはある意味、防衛的な投資だったのかもしれない。私の母は八セットものシルバーのカトラリーを買い、今は私が母から引き継いでいる。

しかし、ティファニーをはじめとする多くの企業がシルバーのカトラリーの製造をやめた。昔ほどの需要がなくなったからだ。このように、かつては有効だった投資手法が、現代には当てはまらないことも起こり得る。

世界はつねに変化している。そのことを認識しなくてはならないし、備えるべきだ。現在うまくいっていることが将来正しいなどということはないのだ。

誰もが「今回のブームは今までとは違う。まったく新しいことだ」などと言うときに経済的な破綻が起こる。バブル崩壊前の日本、リーマン・ショック直前に住宅ブームに沸いたアメリカ、ドットコムバブル……。

そうしたとき、「今回は確実に儲かる」と言っていた人がいて、多くの人が〝安全〟な投資と思い込んでいたにもかかわらず、手痛い損失とともに間違いに気づくことになった。

## 好機は危機に潜む

投資で大成功をしたいのであれば、ここぞ、というタイミングで集中的に投資をしなくてはならない。そうしたタイミングはめったに訪れるものではないが、ひとつ考えられるのは政府による決定だ。政策は正しいものであれ、国民の大半にとって無益なものであれ、変化の触媒となり得る。

たとえば中国は、かつて非常に不潔な国であり、それが故に私も中国移住を諦めたほどだったが、中国政府は巨額をつぎこんで国を清潔にすると決めた。そうすると、中国を清潔にする人々が大儲けすることになる。ここに投資のチャンスがあるのだ。中国の清掃業や清掃用品の販売会社など、いくつかの企業の成長を期待することができる。

また、「危機」と言われるような出来事が起きると、私はそこに投資の機会を探るようにしてきた。投資家らしく考えて、「待てよ、次の段階はなんだろう」と自分に言うのだ。日本や中国、韓国には「危機」を表す言葉があるが、英語には完全に一致する言葉はない。危機という言葉には、アジアの何千年もの歴史の中で生まれた叡智《えいち》を感じる。危機と好機は表裏一体なのだ。

日本株を積極的に買い増したのは、東日本大震災の直後だった。当時、日本の株価が著しく下がる様子を見たからだ。それらの株式は二〇一八年にすべて売却し、ここから少なくない利益を得ることができたことはすでに記したとおりである。

こうしたやり方について、「人の不幸を利用している」と批判する人もいたが、それはまったくの見当違いだ。なぜなら危機に瀕した国で困っている人たちは、誰かがお金をもたらすことを望んでいるのだから。投資家が投資した資金を活用して危機に瀕した国が復興するのだ。危機を目の当たりにして、「おお、これはひどい」と言っているだけでは、投資家としてはダメだ。そこにどんな好機があるのかを探らなくては。

変化が良いものであれ、悪いものであれ、そこから大金を稼ぐ方法を見つけ出すことは誰にでもできる。たとえば中国や韓国がアジアで台頭することを嫌がる日本人は少なくないが、そうした人々を尻目に、変化を利用して大金持ちになる日本人も出てくるはずだ。

こうした視点を持つことができれば、誰もが裕福になれる。繰り返すが、起きている変化に抗《あらが》ってはいけない。自分で変化をとらえて、自分が正しいと思うことをすればいいのだ。

## 金融業界が儲かる時代は終わりつつある

木が天まで伸びることはない。

つまり、天井知らずに上がるものなど、この世に存在しないのだが、バブルに特有の熱狂や興奮を目にすると、多くの人は「まだまだ上がる」と思ってしまう。

今、私が危ぶんでいるのは、アメリカの株式市場だ。リーマン・ショックにより二〇〇九年三月に底を打って以降、一〇年近くも上昇を続けている。多くの人々がアメリカの株式市場はまだまだ上がると期待を寄せているが、歴史を学んでいれば上昇相場はいつか必ず止まるものとわかるはずだ。

また、すでに世界中の人々は金融業界に否定的な感情を抱いている。このことも株式市場にとっては不安材料だ。ウォール街に集う裕福な投資家や銀行家が、過去三〇〜四〇年の間に莫大な金儲けをしたことに対し、人々は怒りを感じている。聖書には、イエス・キリストが裕福な両替商を邪悪だとして神殿から追い出したと書かれているが、それと同様の感情を現代の人々は抱いているのだ。

金融業界で私は大儲けをすることができたが、そうした時代は終わろうとしている。一九五八年には世界に五〇〇〇人ほどしかいなかったＭＢＡホルダーは、今やアメリカだけでも五万人を超える。金融業界はかつてなく競争が激しくなっているのだ。現代に生きる若者はＭＢＡを取るよりもトラクターの運転を習ったほうがよほどいいと思う。これは冗談ではない。

今後数十年のことを考えると、金融業界はあちこちで悲惨な状況になるだろう。中国の金融業界で働くのであれば、政府による後ろ盾が期待できるが、その他の国の金融業界で成功できるとは思えない。

金融業界の時代が過ぎた後は、何が起きるのだろうか。これも歴史が明らかにしてくれる。実物経済の時代が来るのだ。

ロシアの小説に出てくるような、金持ちの農民が力を持つ時代が再び訪れるかもしれない。日本人が農業をすれば成功できると私が考える背景には、そうした理由もある。

## 大衆のヒステリーを見抜く

感情はマーケットを動かすエンジンとなり得る。

時として大衆はニュースに過剰反応するからだ。買う必要のないものを慌てて買ったり、売らなくてもいいものを投げ売りしたりする。投資家の心理がそういったマーケットの動きに拍車をかけ、人々はますますパニックに陥っていく。こうしたときにこそ投資のチャンスを見出すことができるものだ。

一九六六年、九九五ドルだったダウ平均株価はその後、長い低迷期を迎えた。一九七九年のビジネスウィーク誌は「株は死んだ！」という有名な見出しをつけ、誰もが信じてしまったようだが、そんな空気が残る一九八二年に私は株を買い始めた。周囲からは奇妙に思われていたようだが、彼らが奇妙に思えば思うほど嬉しかったものだ。私が大衆に逆らうことができている証だったから。

バブルが起きる頃には逆に、すべての人が株に手を出している。街角のカフェや理髪店、病院に行けば受付のまわりでも、人々が株のことを喋る。そうした兆候を見て、賢い投資家は逃げ出し、相場が暴落する。結果、その他ほとんどの人間が損害を被るのだ。

外国人が特定の国にお金をつぎ込みはじめたときも、引き際と考えるようにしている。外国人はほとんどいつも判断を誤るものだ。先日、ある人が「ベトナムに投資をすべきだ」と私に言ってきたから、私はベトナムに投資をしないことにした。もしベトナムが、外国人に見限られるような弱気市場であれば、ぜひとも投資候補のリストに加えただろうが。

こうした大衆の心理や感情を理解できれば投資で勝つことができる。これを言い換えると、投資で勝ちたければ大衆の心理に自分が巻き込まれてはならない、ということだ。人は群集心理にかられやすい生き物だ。プロフェッショナルを名乗る人々でさえ、時には群集心理にかられてしまう。ドットコムバブルで大損したエコノミストを思い出せば、そのことがわかるはずだ。

短期投資に限らず、長期投資においても感情にとらわれて失敗する人が何と多いことだろうか。年利八パーセントの複利で運用できれば、世界中のほぼすべての投資家よりも良い成果を得られるにもかかわらず、ほとんどすべての人がじっと待つことができない。最初の二、三年だけ大儲けをして、その後に大損をしてしまうのだ。人の話を聞いてはひっきりなしに売り買いをするような投資家が成功できるはずがない。

とはいえ、私自身、何度かマーケットでパニックを起こし、大損をしたことがある。オイルショックが起きた後の一九八〇年に、私は原油の供給が需要を上回ったことを確認した。そのため、「しばらくすれば、原油価格は下がるだろう」と踏み、原油を空売りしたのだ。ところが予想に反し、中東で起きた戦争によってマーケットは原油の供給不足を懸念し、原油価格が跳ね上がった。つまり、私は価格が上がり切る前に売ってしまっていたというわけだ。

このとき、私は自分が失敗したと思い、慌てて値上がりした状態の原油を買い戻すことにした。ここからあらためて値上がり益を狙うつもりだったのだが、原油価格は間もなく、もともと私が予想していた価格まで値を下げ始めた。時すでに遅し。私はこの取引で大損をしてしまった。

あのときのことを振り返ると、自分がパニックになっていたことがよくわかる。投資家はパニックになってはいけないと理解していたにもかかわらず。

原油価格を支えるファンダメンタルズが崩れていることを私はきちんと把握していたのだから、冷静に踏みとどまるべきだったのだ。その頃はまだ群集心理の強さというものを熟知していなかった。

事実を調べずに、願望や欲望だけで物事を判断しようとすると、大衆の考えや心理に流されてしまう。皆が同じような投資をしたがっているときこそ、冷静に需要と供給のことを考えるべきなのだ。

ただ、冷静に判断をするには、知識だけではなく経験も必要なのだろう。大衆のヒステリーに呑まれずに冷静に判断をするのは、そう簡単なことではない。

たとえば、現在混乱が続くベネズエラの株式に投資をしていた人はパニックになるかもしれない。しばらくは値下がりする可能性があるからだ。しかし、ここを持ちこたえることができれば五年後には大満足しているかもしれない。

若く経験の浅かった頃の私であれば、値下がりが始まった途端に、他の人と同じように「ベネズエラは大変だ！　すぐに売るべきだ」と慌てていたと思う。そして損をした後になってベネズエラの株価が上昇していることを知り、後悔していたことだろう。

今の私は、少なくともベネズエラに駆けつけて状況を見極めようと考える。そして人々のパニックをよそに、正しい判断をすることができる。これが経験の力だ。

**間違いから学ぶ**

ウォール街で仕事を始めたばかりの頃、誰もが私よりも年上で経験豊かに見えた。「彼らは私よりも多くのことを知っているに違いない」と感じたものだ。

ところが、やがて彼らもたくさんの間違いを犯していることに気がついた。人間は間違いから学ぶことができる生き物だ。たとえ間違えたとしても、いずれ物事をきちんと見極めることができれば勝てる。そのことに気づいてから、私は間違いを恐れなくなった。

私が以前アメリカのコロンビア大学ビジネススクールで投資に関する授業を持っていた頃、生徒には、「間違いを犯してもいい」という話をした。彼らがどの程度本気にしたかはわからないが、失敗を経験せずに成功するのは不可能だ。

私も、これまでに数えきれないほどの失敗をしてきた。ウォール街でビジネスを始めたばかりの頃は、五ヵ月で資産を三倍にすることができたのだが、そのさらに五ヵ月後、全財産をすっかり失ってしまう。六つの銘柄の株式に投資し、数ヵ月で二倍になったものの、そのすべてが倒産したということもあった。

しかし、このときの経験から私は投資には念入りなリサーチが必要だということを学ぶことができた。そして、自分は何もわかっちゃいないという現実を知った。何のことはない。私が失敗したのは自信過剰で、リサーチを怠ったからだったのだ。

間違いを犯すと、ついそれを誰かのせいにしたくなる。テレビやインターネット、新聞で聞いた話のせいに。ここで自らの間違いを認め、次からはリサーチをきちんとしようと考えれば、勝利に近づくことができる。

失敗してお金を失うことは何も悪いことではない、と私はつねに人にアドバイスしている。

優秀なトレーダーは、自らが間違いやすい人間であることを自覚しているものだ。間違えたことに気づき、素直にそれを認めることができれば、すぐに正しい方向へ転換することができる。

彼らが優秀なのは、間違いからの立ち直りが早いからなのだ。もしあなたが自分の間違いを素直に認められないのであれば、マーケットは厳しい試練を与えるだろう。

けれど、同じような間違いを犯すのであれば、五八歳になってからではなく、二〇代のときに間違えたほうがいい。若いときの失敗は多くのことを学ばせてくれ、失敗から立ち直って成功する時間と体力もあるからだ。

繰り返す。間違いを恐れる必要はない。一〇の銘柄を買って、そのうち九つの銘柄が値下がりしたとしても、一つがすさまじく高騰すれば成功できるのだから。

投資で成功するには、自分というものがわかっていなくてはならない。どんなときに冷静な判断ができ、そしてどんなときにパニックになってしまうのかを知っていれば、きっとうまくやることができる。

「自分はパニックを起こしているな」と感じたら、本書に記した考え方を思い返してほしい。人の考えに流されず、徹底的なリサーチをおこない、自らの頭で考える。こんなシンプルなことを心がけるだけでも、あなたは多くの人より成功を収めることができるのだから。

# あとがき

本書をまとめるにあたって、私は過去の著作を読み返してみた。一九八九年から始めたバイクでの世界一周旅行を綴った著書『冒険投資家ジム・ロジャーズ　世界バイク紀行』（『大投資家ジム・ロジャーズ　世界を行く』を改題・修正し文庫化〈日経ビジネス人文庫〉）に記した世界と今日の世界を比べると、その変化の大きさに驚かされる。

融通が利かない官僚のせいで、まともに旅行することもできなかった中国は、今や世界に開かれ、覇権国家としての道を歩んでいる。北朝鮮と韓国の南北統一という、かつては考えることさえできなかった変革も起きようとしている。

しかし、過去の著書に記した私の根本的な考え方は何ら変わっていない。物事は変化するのが常であり、「歴史は繰り返される」という真理を理解すれば、今起きていることの意味を理解することができる。

日本については、あらかじめ予想されていた悪いシナリオが、現実のものになってきているることを感じる。『冒険投資家ジム・ロジャーズ　世界バイク紀行』の文庫版あとがきにおいて、私は日本についてこのように記していた。二〇〇四年のことだ。

「世界のファーストクラス、最も豊かな国である日本が今、失望の淵にあるのは逆説的でもある。日本は、人口統計学的問題を抱えている。自殺率は史上最高だし、出生率は史上最低だ。このままでは、一〇〇年後には人口は半減し、六〇〇〇万人程度になってしまう。その不足分を移民で受け入れようともしていない。また、巨額の公的負債と、融通の利かない規制が問題となっている。」

今回あらためて記した本書と比べても、ほとんど同じ問題を私が一五年前に記していたことがわかる。今の日本は、出生率は相変わらず伸び悩み、財政赤字による公的負債はあり得ない規模に達している。問題はむしろ悪化したと見て間違いないだろう。

二〇〇四年当時、私は日本への処方箋として、〝起業家精神《アントレプレナーシップ》〟を育むことを勧めた。死んだ木を取り除いて、新しい成長を促すべきだと。これは二〇一九年の日本にとって、ますます重要になっている。

本書では、日本の根本的問題をあらためて指摘するとともに、問題に対する抜本的な解決策も示したつもりだ。さらには、個人としての人生を成功させるための考え方も明らかにした。

これを実行するかどうかは、あくまでも日本人の、そしてあなたが判断することでしかない。しかし、日本を愛する一人の人間として、一人でも多くの日本人が、自らの幸福のために行動できるようになることを願っている。日本は世界で最も素晴らしい国のひとつになれるし、なるべきなのだ。

本書の制作にあたっては、オックスフォード大学大学院の同窓であり、シンガポールにも居住する小里博栄氏に、私の自宅にてインタビューをおこなってもらった。この場を借りて特別に感謝を申し上げたい。

二〇一九年六月

ジム・ロジャーズ

本書構成のために参照した

## ジム・ロジャーズの既刊書（刊行順）

『冒険投資家ジム・ロジャーズ　世界バイク紀行』（日経ビジネス人文庫、『大投資家ジム・ロジャーズ　世界を行く』を改題して文庫化）

『冒険投資家ジム・ロジャーズ　世界大発見』（日経ビジネス人文庫）

『人生と投資で成功するために　娘に贈る12の言葉』（日本経済新聞出版社）

『世界的な大富豪が人生で大切にしてきたこと60』（プレジデント社）

『お金の流れで読む日本と世界の未来　世界的投資家は予見する』（ＰＨＰ新書）

取材・翻訳・監修
小里博栄（こさと　はくえい）
1971年神戸市生まれのグローバル起業家、社会心理学者。
ロンドン（LSE）大学卒、オックスフォード大学で修士取得。英税理士。英ベンチャー大手ヴァージン・グループ、ダイソンの日本進出マーケティング担当。2006年（株）LA DITTA創業。インド初の寿司の宅配ビジネス、10万人規模のイベントなど複数のプロジェクトを進める。神戸の国際学校の最年少理事長を経験。400年続く日本の老舗企業の海外事業開発なども手がける。現在博士号取得目指し仕事を続けながらSBSスイスビジネススクール在籍。シンガポール、ムンバイ在住。東京、京都、ロンドンにも拠点を設ける。

監修
花輪陽子（はなわ　ようこ）
１級ファイナンシャル・プランニング技能士（国家資格）、CFP認定者。
1978年三重県生まれ。外資系投資銀行を経てFPとして独立。2015年からシンガポールに移住する。著書に『少子高齢化でも老後不安ゼロ　シンガポールで見た日本の未来理想図』（講談社＋α新書）他がある。海外に住んでいる日本人のお金に関する悩みを解消するサイトを運営
https://100mylifeplan.com

**ジム・ロジャーズ**

1942年米国アラバマ州出身の世界的投資家。

イェール大学とオックスフォード大学で歴史学を修めたのち、ウォール街で働く。ジョージ・ソロスとクォンタム・ファンドを設立し、10年で4200%という驚異的なリターンを叩き出す。37歳で引退後はコロンビア大学で金融論を教えるなど活躍。2007年に「アジアの世紀」の到来を予測して家族でシンガポールに移住し、その後も数多くの投資活動および啓蒙活動をおこなう。

主要著書に『冒険投資家ジム・ロジャーズ　世界バイク紀行』『冒険投資家ジム・ロジャーズ　世界大発見』(以上、日経ビジネス人文庫)、『世界的な大富豪が人生で大切にしてきたこと60』(プレジデント社)、『お金の流れで読む日本と世界の未来　世界的投資家は予見する』(PHP新書)がある。

講談社＋α《プラスアルファ》新書　815-1 C

**日本《にほん》への警告《けいこく》**

**米中朝鮮半島の激変から人とお金の動きを見抜く**

ジム・ロジャーズ 

小里博栄《こさとはくえい》　取材・翻訳・監修
花輪陽子《はなわようこ》　監修

2019年7月18日第1刷発行
2019年8月26日第5刷発行

発行者――――― 渡瀬昌彦
発行所――――― 株式会社 講談社
東京都文京区音羽2-12-21 〒112-8001
電話 編集(03)5395-3522
販売(03)5395-4415
業務(03)5395-3615

カバー写真――― 菅野祐二
デザイン――― 鈴木成一デザイン室
カバー印刷――― 共同印刷株式会社
本文データ制作―― 講談社デジタル製作
印刷――――― 豊国印刷株式会社
製本――――― 牧製本印刷株式会社


Printed in Japan
ISBN978-4-06-516079-4

講談社＋α文庫の既刊

# マンガ ジム・ロジャーズ

## 冒険投資家に学ぶ世界経済の見方

森生文乃著
ジム・ロジャーズ協力

バイクで六大陸を横断、特注のベンツで一一六ヵ国、二四万キロを旅したギネス記録保持者でもある著者。自分の目で各国の現実を確かめながら、誰よりも早く投資のチャンスを見つける。鋭い視点、深い洞察力——その源はどこにあるのか？　冒険投資家の世界旅行の軌跡を辿りながら、世界経済の行方と、成功する投資とは何かを学ぼう！